Kinderzimmer

gestalten, renovieren, einrichten

Haupt
GESTALTEN

Jessica Stuckstätte

Kinderzimmer –
gestalten, renovieren, einrichten

Haupt Verlag
Bern • Stuttgart • Wien

Impressum.

Text, Zeichnungen und Fotografien: Kinnertied, Jessica Stuckstätte, D-Hamburg
Zeichnungen Seite 70, 75, 104, 117, Nadine Bartnick, D-Hamburg
Gestaltung und Satz: Sebastian Stücke, D-Hamburg
Lektorat: Ute Orth, D-Freiburg

Bibliografische Information der Deutschen Nationalbibliothek:
Die Deutsche Nationalbibliothek verzeichnet diese Publikation in der Deutschen Nationalbibliografie; detaillierte bibliografische Daten sind im Internet über http://dnb.d-nb.de abrufbar.

ISBN 978-3-258-60035-2

www.haupt.ch

Printed in Germany

Wünschen Sie regelmäßig Informationen über unsere neuen Titel zum Gestalten? Möchten Sie uns zu einem Buch ein Feedback geben? Haben Sie Anregungen für unser Programm? Dann besuchen Sie uns im Internet auf www.haupt.ch.
Dort finden Sie aktuelle Informationen zu unseren Neuerscheinungen und können unseren Newsletter abonnieren.

Inhalt.

Einleitung.

Dies ist ein Buch für alle Kinderzimmergestalterinnen und -gestalter, die für ihre Kleinsten, Kleinen und schon etwas Größeren eine wohlige, beschützende Umgebung schaffen wollen. Sie ist ein wichtiger Grundstein für eine sorgenfreie kindliche Entwicklung. Damit Kinder sich angenommen und willkommen fühlen, sollte die Einrichtung des Kinderzimmers mit ebenso viel Liebe und Engagement geschehen wie ihre Erziehung. Dabei ist es wichtig, die Gestaltung des Zimmers aus der Perspektive des Kinds zu betrachten, um seine körperlichen und vor allem psychischen Bedürfnisse zu erkennen, zu verstehen und zu berücksichtigen.

Warum bauen Kinder Höhlen? Sie schaffen sich damit ihre eigene kleine Welt, die für sie greif- und vor allem begreifbar ist. Die Höhle bietet ihnen Sicherheit, Geborgenheit und eine Abgrenzung von der Welt der Erwachsenen. Eine kindgerechte Gestaltung des Kinderzimmers greift ihre Bedürfnisse auf. In dieser Umgebung fühlt sich das Kind wohl, gelöst und behütet. Es kann sich leichter entspannen, beruhigen und besser konzentrieren.

Die Basis der Einrichtung ist eine sichere, saubere und übersichtliche Strukturierung des Kinderzimmers, am besten in Form einer Unterteilung in vier Bereiche: einen emotionalen, einen geistigen, einen sozialen und einen körperlichen. Dadurch wird das Kinderzimmer nicht mehr als Zimmer an sich, sondern als eine eigene kleine Welt mit vier unterschiedlichen Bereichen wahrgenommen. So können Eltern ganz gezielt auf die unterschiedlichen und teilweise gegensätzlichen Bedürfnisse ihres Kinds eingehen.

Farbenfroh, gelöst, warm, behütet: Bewusst gesetzte Akzente verleihen dem Zimmer seinen kindlichen Charme. Dazu sind nicht einmal teure Materialien nötig, viele schöne Dinge sind im Haushalt sicherlich bereits vorhanden. In meinem Buch steht jedoch nicht nur die Gestaltung des Kinderzimmers, sondern auch die Sicherheit im Vordergrund.

Mit einem großen Sicherheitsrundgang durch die Wohnung, mit Tipps zu Neuanschaffungen und Sicherheitsartikeln wird aus jedem Singlehaushalt ein wahres Kinderparadies.

Doch bevor es ans Einrichten und Dekorieren geht, sollte zunächst die Grundausstattung des Zimmers unter die Lupe genommen werden. Daher beginne ich mit der Renovierung der Böden und Wände. Sind die staubigen Arbeiten erst einmal abgeschlossen, sind die Beleuchtung und das richtige Lüften an der Reihe. In dem großen farbenfrohen Kapitel „Einrichten“ komme ich dann zu der Königsdisziplin des Heimwerkens. Viele Wohnideen und Dekovorschläge machen das Einrichten so leicht wie das kleine Einmaleins. Nützliche Tipps und Tricks zur Umsetzung des Kinderzimmerprojekts finden sich im Anhang (ab Seite 122). Vom richtigen Reinigen bis hin zu einer Übersicht von Schrauben und Nägeln, damit kann man schon bald jeden Handwerker mit eigenen Profitipps in die Tasche stecken.

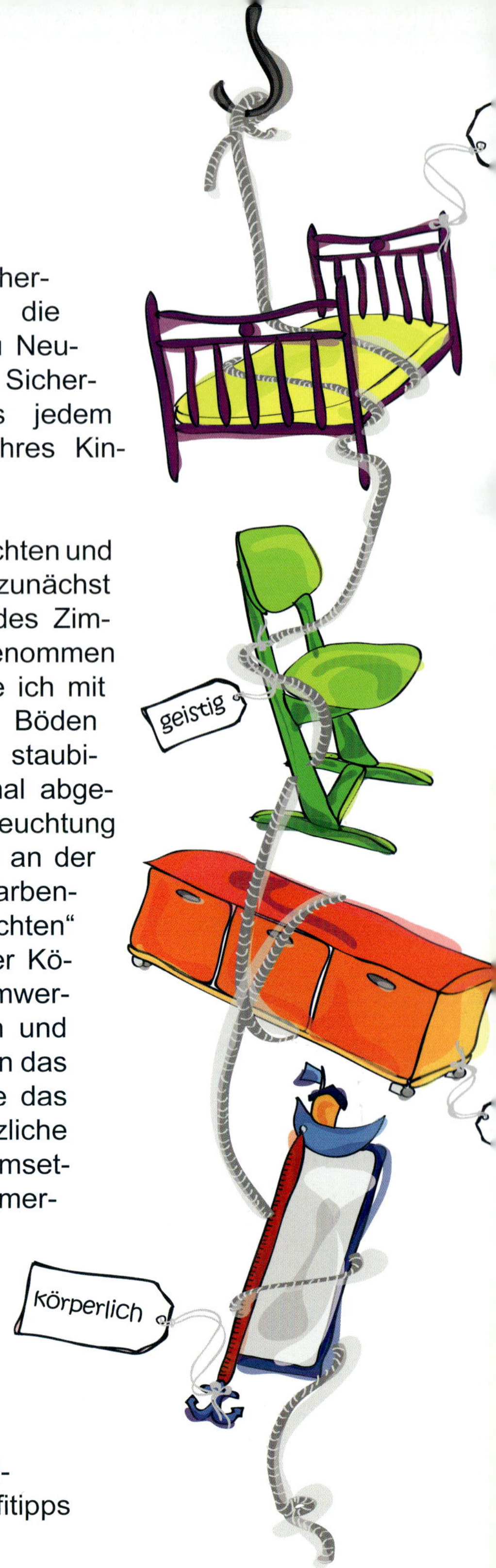

Aber nun heißt es, Bleistift und Skizzenpapier gezückt – und auf geht's!

Baustellenfahrplan.

Zu Beginn der gemeinsamen Ideensuche mit den Kindern leistet ein Baustellenfahrplan wertvolle Dienste. In ihm sollte zunächst festgelegt werden, was erneuert werden kann und muss. Das erspart so manche Diskussion und Enttäuschung. Zudem können darin die einzelnen Stationen der Renovierung festgehalten, Termine für gemeinsame Baumarktausflüge eintragen und erfolgreich abgeschlossene Arbeiten „abgehakt" werden. An einer zentralen Stelle in der Wohnung aufgehängt, steigert der Baustellenfahrplan ähnlich wie ein Adventskalender die Vorfreude auf das fertig gestaltete Kinderzimmer.

Die Umgestaltung eines Kinderzimmers besteht immer aus zwei wichtigen Komponenten: zum einen aus der Renovierung sowie der neuen Einrichtung und zum anderen aus dem Festlegen von zwei unterschiedlichen Bereichen – dem Entscheidungsbereich der Eltern und dem Bereich, in dem die Kinder selbst bestimmen können.

Die Renovierung ist der Bereich, in dem Eltern die Grenzen für die Umgestaltung setzen. Um den Umfang der Arbeiten festzulegen, sollten am besten schon im Vorfeld folgende Fragen geklärt werden:

- Wie umfangreich wird die Renovierung des Kinderzimmers?
- Wird ein neuer Fußbodenbelag benötigt?
- Müssen die Wände neu tapeziert oder nur verschönert werden?
- Müssen neue Möbel angeschafft werden?

Die Einrichtung ist der Bereich, in dem die Wünsche und Bedürfnisse des Kinds im Vordergrund stehen:

- Das Kind denkt sich ein Thema für sein Zimmer aus.
- Soll das Kinderzimmer nach einem bestimmten Motto gestaltet werden? Zum Beispiel als Ritterzimmer, Bauernhofzimmer oder Feenschloss? Oder soll das Zimmer ganz in den Lieblingsfarbton des Kinds getaucht werden?
- Lässt sich die Gestaltung des Bodens und der Wände (falls erforderlich) an das Motto anpassen?
- Welche Dekoideen fallen dem Kind ein, um das von ihm gewählte Motto zu unterstreichen und lebendiger zu gestalten?

Ist der Baustellenfahrplan fertig, beginnt der kreative Teil der Kinderzimmergestaltung: mit dem gemeinsamen Überlegen, wie sich die Vorstellungen des Kinds realisieren lassen. Zusammen mit dem Kind wird dann das Zimmer vermessen und ein Grundriss angefertigt. Er zeigt schnell und einfach, wie viel Platz zum Aufstellen der Möbel gebraucht wird. Der Anhang liefert dazu eine Zeichenhilfe mit Vordrucken für die Möbel (siehe Seite 146). Wie bei einem Puzzle kann der optimale Grundriss ermittelt werden. Das Sammeln von Informationen zu dem ausgewählten Motto ist ein weiterer wertvoller Schritt. Dieses Buch bietet zahlreiche Anregungen für viele tolle Dekoideen. Sie können mit Buntstiften und Zeichenpapier festgehalten werden. Schritt für Schritt nimmt das neue Kinderzimmer Form an, und ganz nebenbei entsteht eine wunderschöne Erinnerungsmappe mit Zeichnungen und Bildern.

Fußboden.

Von allen Böden in der gesamten Wohnung sollte der Fußboden im Kinderzimmer am sorgfältigsten ausgewählt werden. In keinem anderen Zimmer verändern sich die Anforderungen an den Bodenbelag im Laufe der Jahre so stark. Mit dem Älterwerden des Kinds muss der Bodenbelag nicht nur Holzklötze, sondern schon bald auch einen Schreibtischstuhl aushalten. Daher werden für Kinderzimmer oft Fußböden mit einer mittleren bis starken Abriebfestigkeit empfohlen.

Ebenso wichtig wie die Langlebigkeit sowie die gesundheitliche und ökologische Unbedenklichkeit ist auch die Haptik des Bodenbelags, also das Gefühl, das wir beim Berühren von Oberflächen empfinden. Besonders in seinen ersten Lebensjahren hat das Kind über längere Zeiträume direkten Körperkontakt zum Boden. Schon früh wird es die unterschiedliche Beschaffenheit des Bodens wahrnehmen und seinen Lieblingsplatz ausmachen.

Teppich.

Der wohl bekannteste Teppich ist der „rote Teppich", der seinen Ursprung im Mittelalter hat. Vor wichtigen Personen wurde er als Zeichen des Willkommens ausgerollt. Darüber hinaus war der Teppich auch ein wichtiges Gestaltungselement. Er wurde neben dem Bedecken von Böden auch zur Bekleidung von Wänden und Einrichtungsgegenständen verwendet.

Teppiche sind auch heute noch als dekoratives Detail beliebt, das Räumen Wärme und Geborgenheit verleiht. Es gibt sie in einer großen Bandbreite: von weich bis hart und von rau bis kratzig. Sie sind meist in Räumen mit einem großen „Behaglichkeitsbedarf" anzutreffen und sorgen für gute Raumakustik und eine angenehme Fußhärte.

Bei Hausstauballergien ist ein Teppichboden auf Polyamidbasis ratsam. Der Staub wird so nicht frei im Raum verwirbelt, wie dies bei glatten Oberflächen der Fall ist, sondern im Teppich gehalten. Milben haben in diesem Material weniger Überlebensmöglichkeiten als in Wollteppichen. Regelmäßiges Reinigen ist natürlich Pflicht. Nur mit entsprechendem Siegel auf der Rückseite versehene Teppichböden sind für Fußbodenheizungen geeignet. Ansonsten würden sie durch ihre Dämmeigenschaften die Wärmezufuhr mindern. Die Qualitätsunterschiede der angebotenen Teppichböden sind ebenso groß wie ihre Preisspanne. In stark strapazierten Bereichen können sich schon nach kurzer Zeit sogenannte „Laufstraßen" bilden. Die Strapazierfähigkeit des Bodenbelags sollte beim Kauf immer beachtet werden. Auskunft darüber gibt das Siegel der europäischen Teppichgemeinschaft auf der Rückseite des Belags. In Kinderzimmern reicht eine „normale" Strapazierfähigkeit vollkommen aus. Auf Teppiche mit einem gummierten Rücken sollte man am besten ganz verzichten. Dieser kann sich im Laufe der Zeit von der Oberseite ablösen und fängt dann an zu „schwimmen", d. h. er wellt und verschiebt sich zunehmend.

Naturfaser.

Naturfaser ist als vielfach genutzter Bodenbelag in öffentlichen Einrichtungen bekannt. Sisal ist dabei eine der am häufigsten verwendeten Fasern. Er ist äußerst robust, daher aber in seiner Haptik leider auch sehr kratzig. Kokos und Sisal sind sehr strapazierfähige Bodenbeläge und können in Räumen mit Fußbodenheizung ohne Bedenken verlegt werden. Zu den positiven Eigenschaften dieser Naturfasern zählen zudem ihre Feuchtigkeitsbeständigkeit, ihre Verschließfestigkeit (Widerstandsfähigkeit gegen Abnutzung) und ihre ausgleichende Wirkung auf die Raumfeuchtigkeit. Zum Schutz vor Schimmelpilzen und Insekten sind sie jedoch möglicherweise mit Chemikalien behandelt worden, die ökologisch und gesundheitlich nicht unbedenklich sind. Hier ist also ein ausführliches Beratungsgespräch ratsam.

Tierhaare und Wolle.

Wollteppiche haben hartnäckige Feinde: Motten und Käfer befallen diesen Naturteppich immer wieder. Daher sollte beim Kauf unbedingt auf ein entsprechendes Teppichsiegel geachtet werden. Dieses bescheinigt einen chemischen Mottenschutz, der in der Regel gesundheitlich unbedenklich ist. Unbehandelte Teppiche müssen regelmäßig auf Befall untersucht werden.

Kunstfaser.

Kunststoffteppiche können aus ganz unterschiedlichen Fasern bestehen. Auf Bodenbeläge aus Polyacryl sollte aus ökologischen Gründen möglichst verzichtet werden. Polypropylen ist eine ökologisch unbedenkliche Kunstfaser, bei ihr muss man allerdings eine geringere Strapazierfähigkeit in Kauf nehmen. Eine Alternative dazu sind Teppiche aus Polyamid und Polyester oder einem entsprechenden Mischgewebe. Bei ihnen bleibt zu bedenken, dass sich Kunstfasern elektrostatisch aufladen können.

Massivholzboden.

Bei den Massivholzböden hat der Kunde die Wahl zwischen drei Varianten: Parkett, Dielen und Fertigparkett. Die Unterschiede zwischen Parkett und Diele liegen in der Größe der verwendeten Massivstäbe. Bei Parkett haben sie in der Regel eine Breite von ca. 6-7 cm. Diese Größe macht den Boden verhältnismäßig günstig, da es nur zu einem geringen Verschnitt kommt. Anders ist dies bei dem Dielenboden, der eine Massivstabbreite von mindestens 10 cm hat. Die maximale Länge der Bohlen ist abhängig von der verwendeten Baumart und kann Maße von 50 cm bis zu 2000 cm erreichen. Während Parkett fest auf dem Boden verklebt wird, werden die Dielen auf dem Untergrund verschraubt. Wer dabei auf ein Ausspritzen der Fugen verzichtet, erhält einen komplett schadstofffreien Bodenbelag.

Kritischer ist die Verwendung von Fertigparkett, bei dem sich – bedingt durch unterschiedliche Qualitäten und Herstellungsverfahren – die ökologischen und gesundheitlichen Aspekte nur schwer miteinander vergleichen lassen. Oft wird Fertigparkett fälschlicherweise als Massivholzboden verkauft. Hinzu kommt vor allem bei Böden mit Click-Verbindung der Verbrauch von Unmengen an Leim bei der Herstellung. Werden sie auf einer Fußbodenheizung verlegt, so verändert sich ihre Beschaffenheit, da Holz arbeitet und besonders auf Wärme mit Ausdehnung reagiert.

Die hervorragende Langlebigkeit von Massivholzböden ist oft kaufentscheidend.

Doch massiv ist nicht gleich massiv. Ausschlaggebend für die Häufigkeit der möglichen Überarbeitungen in Form von Abschleifen ist die Dicke der Massivholzschicht. Dielenboden ist mit einer Materialstärke von 22-27 mm der robusteste Massivholzboden. Er kann weitaus häufiger überarbeitet werden als Parkett, das nur 14-22 mm dick ist. Am günstigsten ist der dünnste Massivholzboden. Mit nur 10-15 mm Materialstärke kann ein Echtholz-Fertigparkett nur zwei- bis dreimal abgeschliffen werden. Daher wird sich die Überlegung, einen teureren, massiveren Boden zu verlegen, auf Dauer rechnen. Die besondere Langlebigkeit dieses Bodenbelags erfordert schon in der Planungsphase ein Überdenken der zunehmenden Belastung mit dem Älterwerden des Kinds. Als Baby wird es auf dem Boden nur herumkrabbeln, als Kleinkind wird es ihn zur Rennstrecke umfunktionieren und später mit einem Schreibtischstuhl bearbeiten. Den zukünftigen Anforderungen entsprechend ist hier auch die Auswahl einer Holzart mit geeigneter Abriebfestigkeit wichtig. Doch selbst wenn man sich für ein besonders hartes Holz wie Ahorn entscheidet, können Spuren auf diesem Boden sichtbarer bleiben als auf einem weicheren. Der Grund dafür ist die Maserung des Holzes, denn auf einem Holzboden mit unruhiger Maserung fallen Kratzer weniger auf, Härte des Holzes und seine Maserung sollten also beim Kauf beachtet werden, denn beides beeinflusst das Erscheinungsbild des Bodens ganz erheblich.

Massivholzböden sind Fußböden mit Charakter, der durch natürliche Abnutzungen noch verstärkt wird. Er erzählt die Geschichten von Generationen, ohne dabei an Charme zu verlieren.

Tipp.

Zur Pflege der Böden sollten ausschließlich Wachse und Öle mit Volldeklaration verwendet werden! Nur bei ihnen sind die verwendeten Inhaltsstoffe und die damit möglicherweise verbundenen Gefährdungen und Risiken für die Gesundheit angegeben.

Fotos von Marmoleum Click

Linoleum.

Linoleum zählt zu den natürlichen Bodenbelägen aus nachwachsenden Rohstoffen. Es besteht aus Leinöl, Jute, natürlichen Harzen, Holz, Kreidemehl und Farbpigmenten. Diese Zusammensetzung sorgt für einen antistatischen, strapazierfähigen und leicht zu reinigenden Fußbodenbelag. Zusätzlich besticht Linoleum durch seine lange Lebensdauer und eine breit gefächerte Farb- und Musterpalette. Durch seine angenehme Fußwärme eignet es sich besonders für den Einsatz im Kinderzimmer. Linoleum wird als Rollenware mit einer Breite von zwei Metern und auch in Fliesenform in den Größen 33,3 x 33,3 cm und 50 x 50 cm angeboten. Für die Auswahl des richtigen Belags ist auch hier die Dicke des Materials entscheidend. Erhältlich sind Beläge von 2-4 mm, wobei 2,5 mm für die Ansprüche eines Kinderzimmers ausreichen. Bei dünneren Ausführungen sollte zur Trittschalldämmung eine Unterlage aus Korkmet vorhanden sein. Sogenannte „Verbundbeläge“ erfüllen die Anforderungen beider Komponenten in einem Produkt und Arbeitsgang.

In den ersten sechs Wochen kann sich durch den Klebstoff noch Restfeuchtigkeit im Boden befinden. Daher sollte das Linoleum in diesem Zeitraum nur trocken gereinigt werden. Staub und loser Schmutz können einfach durch Saugen entfernt werden – wie bei allen glatten Böden – am besten mit einem Bürstvorsatz. Bei größerer Verschmutzung sollte mit möglichst wenig Wasser und einem für Linoleum geeigneten Neutralreiniger gewischt werden. Schmierseife oder stark alkalische Putzmittel greifen die Versiegelung an und sind daher ungeeignet.

Linoleum hat durch seinen hohen Leinölanteil einen ganz typischen Eigengeruch, der hinsichtlich der Raumluftbelastung und des Schadstoffgehalts für Kinder unbedenklich ist, aber nicht jeder mag ihn. Deutlich wahrnehmbar ist dieser Geruch jedoch nur unmittelbar nach dem Verlegen.

Tipp.

Wenn spitze Spielzeugkanten, harte Fahrzeugräder oder Ähnliches deutliche Spuren auf dem Linoleum hinterlassen, empfiehlt sich eine Grundreinigung und eine Neueinpflege.

Kork.

Die im Mittelmeerraum natürlich vorkommende Korkeiche ist der Rohstofflieferant dieses immer beliebter werdenden Bodenbelags. Dabei ist Kork nicht nur ressourcenschonend, sondern auch schall- und wärmedämmend. Erhältlich ist Korkbelag in Plattengrößen von 23 x 23 cm bis 48 x 48 cm und einer Dicke von 4-8 mm. Wer ihn auf einer Fußbodenheizung verlegen will, sollte allerdings darauf achten, dass er nicht dicker als 4 mm ist. Die einzelnen Platten können eine leicht unterschiedliche Färbung haben. Um diesen Effekt auszugleichen, sollten sie am besten vor dem Verlegen vermischt werden. Besonders gesundheitsfreundlich ist dieser Boden, wenn er nur durch Erwärmung und ohne Zugabe von synthetischen Bindemitteln verpresst wurde. Beim Kauf des Korkbodens sollte man auf entsprechende Gütesiegel Wert legen, die eine regulierte Schadstoffabgabe garantieren. Bei Produkten mit dem Gütesiegel „Kork-Logo“, dem „Toxproof-Siegel“ und dem TÜV-Umweltsiegel müssen festgelegte Grenzwerte eingehalten werden. Die Art der Beschichtung des Korkbodens richtet sich nach der Beanspruchung. Eine Kunststoffbeschichtung ist nur in stark strapazierten Bereichen erforderlich, da diese Versiegelung die positiven antistatischen und fußwärmenden Eigenschaften mindert. Alternativ dazu gibt es mit Naturwachs behandelte, aber auch komplett unbehandelte Korkböden. Die unbehandelten Produkte sollten nach der Verlegung direkt imprägniert und gewachst werden. Die Wachsschicht wird am besten zwei- bis dreimal im Jahr erneuert, um tief eindringenden Verschmutzungen vorzubeugen. Besondere Vorsicht ist bei Korkfertigparkett geboten. Es handelt sich dabei um eine dünne Korkschicht auf einem Trägermaterial, die sich sehr schnell abnutzen kann. Zudem besteht dabei das Risiko, dass das Trägermaterial mit Formaldehyd (einem farblosen, brennbaren und zudem giftigen Gas mit säuerlich-stechendem Geruch) belastet sein kann.

Tipp.

Sogenannte „Schmutzstraßen“ lassen sich mit Balsamverdünnung aus dem Naturfachhandel entfernen. Die Reinigung sollte allerdings nur bei offenem Fenster ausgeführt werden.

Bambus.

Durch sein schnelles Wachstum gehört der Bambus zu den umweltfreundlichsten Bodenbelägen. In nur einem Tag kann diese Pflanze bis zu einem Meter wachsen. Nach einer Härtezeit von fünf Jahren wird die holzähnliche Graspflanze unter staatlicher Kontrolle geerntet. „Bambus lacht", sagen die Chinesen, und das zu Recht: im Vergleich zu Laubbäumen schont er die bedrohten tropischen Urwälder und hat einen vielfach höheren Ausstoß an Biomasse. Bambus ist somit ein ressourcenschonender Fußbodenbelag, der durch den langen Lieferweg jedoch einen großen CO_2-Aufwand erfordert. Er wird als Parkett oder in Form von Dielen angeboten. Dieser Bodenbelag wird verlegt, geschliffen und geölt. Dabei ist jedoch zu bedenken, dass Bambusparkett lediglich aus Bambusfasern besteht, die mit Leim zu Dielen verklebt wurden. Somit handelt es sich also nicht um einen Holzboden im eigentlichen Sinne. Ein zu 100% natürlicher Bodenbelag ist mit Bambus daher nicht möglich. Trotz seines Fliegengewichts ist das Bambusparkett härter als beispielsweise Eichenböden. Seine Ausführung variiert je nach Hersteller und Bambusart. Es empfiehlt sich also, sich vor dem Kauf verschiedene Muster zeigen zu lassen, um die besondere Haptik des Bambus, seine Optik und Qualität zu prüfen.

Laminat.

Laminat weckt den sportlichen Ehrgeiz jedes Hobbyhandwerkers. Durch sein Nut-Feder-Stecksystem ist es einfach zu verlegen und zeigt schnell Ergebnisse. Laminat wird „schwimmend“ verlegt. Das bedeutet, dass auf eine vollflächige Verklebung verzichtet werden kann. Besonders wichtig ist dabei ein Untergrund zur Trittschalldämmung. Teppichboden ist dafür aber nicht geeignet und sollte daher vor der Verlegung des Laminats entfernt werden. Feuchtigkeit aus der Raumluft, die sich in den Teppichfasern festgesetzt hat, könnte zu Schimmelbefall führen. Zudem gibt der Teppich unter dem Laminat bei jedem Auftritt nach, was zum Ausbrechen des Nut-Feder-Systems führen kann. Zu bedenken ist auch hier, dass es sich bei Laminat nicht um einen Holzfußboden handelt. Es besteht lediglich aus einem „Foto“ eines Holzes und einem Trägermaterial (einem Holzspan/Leimgemisch). Zum Schutz des Dekors wird eine Direktbeschichtung (DPL, Direct Pressure Laminate) oder eine für stärkere Belastungen geeignete Schutzschicht (HPL, High Pressure Laminate) aufgebracht. Auf zu viel Wasser sollte man beim Wischen verzichten, da die Kanten aufquellen können.

Laminat muss immer vom Fenster weg (nicht parallel dazu) verlegt werden. Auf diese Weise ergeben sich weniger Stoßkanten, die bei Lichteinfall noch betont werden.

Tipp.

Mit speziellen Reparatursets lassen sich Kratzer, Dellen und auch kleine Löcher im Handumdrehen entfernen.

PVC.

PVC galt lange Zeit als idealer Bodenbelag für Kinderzimmer, Nassräume und selbst Kellerräume. Seine Langlebigkeit, die einfache Reinigung und seine große Auswahl (beispielsweise in Keramik- oder Holzoptik) ließen ihn in jede Wohnung einziehen. Jeder zehnte Bodenbelag in deutschen Haushalten ist aus PVC. Neuste Untersuchungen haben jedoch gezeigt, dass die Weichmacher im PVC laut Presseinformation des Umweltbundesamts (003/2007) bereits zur Schädigung von Ungeborenen führen können. Aufgenommen über die Füße der Mutter oder eingeatmet im Krabbelalter, können die Ausdünstungen des Weichmachers das Hormonsystem des Kinds langfristig stören. In neueren PVC-Belägen wurden die aggressiven Phtalate durch mildere DINP-Weichmacher ersetzt, genau diese angeblich so harmlosen Stoffe wurden allerdings europaweit in Kinderspielzeug verboten.

Darüber hinaus werden alte entsorgte PVC-Böden mit all den enthaltenen Giftstoffen recycelt und neuen Böden wieder zugefügt – und das auf ganz legalem Wege. Das Umweltbundesamt rät daher grundsätzlich von PVC-Belägen ab.

Wandgestaltung.

Farben können einen Raum warm oder kalt wirken lassen, in Bereiche unterteilen und vor allem in einen ganz individuellen Lieblingsplatz verwandeln. Die Wände bilden im Raumzusammenhang die größte zu gestaltende Fläche. Aus diesem Grund sind Farben das wichtigste Gestaltungselement im Kinderzimmer. Wände sorgen maßgeblich für die Atmosphäre und heben den Spielraum deutlich von den Zimmern der Erwachsenen ab.

Mit ein paar hilfreichen Tipps kann man ganz einfach eine Vielfalt von bunten Fantasiewelten erschaffen.

Farbgestaltung.

Vor dem eigentlichen Anstrich des Kinderzimmers gilt es zunächst, geeignete Farben auszuwählen. Dabei sollte man jedoch beachten, dass Farben im Tageslicht heller und klarer leuchten können. Kunstlicht hingegen kann die Farben in ihrer Intensität und Wirkung stark abschwächen. Ein Blick auf den Grundriss des Zimmers und das sorgsame Auswählen der zu streichenden Wände ist daher eine wichtige Voraussetzung.

Farben verleihen einem Zimmer Charakter und Ausstrahlung. Sie können auf Kinder je nach Farbauswahl und -kombination ganz unterschiedlich wirken.

Aktivierende Farben: Gelb, Orange und Rot

Gelb ist eine gern verwendete Kinderzimmerfarbe. Sie wirkt motivierend, freundlich und frisch. Orange ist eine heitere, leuchtende Farbe, die besonders Geborgenheit und Gemütlichkeit hervorhebt.

Rot ist von allen warmen Farben diejenige, die sich am weitesten in den Vordergrund drängt. Sie wirkt feurig schwer und steht für starken Willen, Entschlossenheit und Durchhaltevermögen.

Beruhigende Farben: Violett, Blau, Grün

Violett gilt als Farbe, die das seelische Gleichgewicht und die Entschlusskraft fördert. Sie ist ruhig und zurückhaltend.

Blau wirkt entspannend, beruhigend und kann helfen, Stress und Hektik abzubauen. Harmonie und Zufriedenheit werden durch Blau gefördert.

Grün ist die Farbe der Mitte. Mit ihren Eigenschaften der Frische und Beharrlichkeit wirkt sie beruhigend, ohne zu ermüden.

Sollen mehrere Farben zum Einsatz kommen, ist zu bedenken, dass diese stets in einer Beziehung zueinander stehen. Diese kommt am besten zur Geltung, wenn folgende Regeln beachtet werden:

Farbe hat ein Gewicht.

Dunkle Farben wirken schwerer als helle. Daher sollten sie vom Boden zur Decke immer von dunkel nach hell angeordnet werden.

Farbe hat eine Temperatur.

Geschicktes Kombinieren von warmen und kalten Farbtönen kann insgesamt eine wärmere Wirkung der Farben erzeugen.

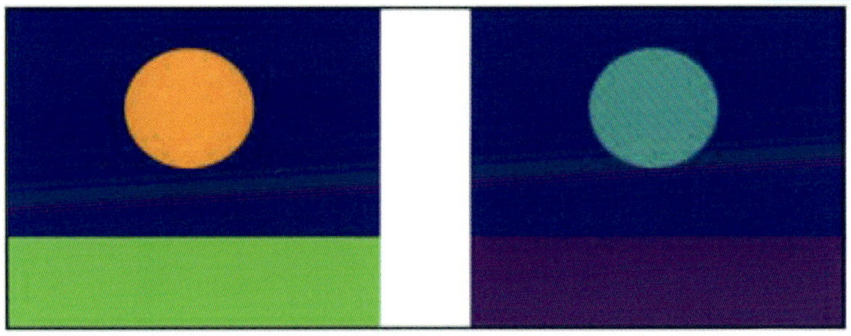

Farbe als Blicklenkung.

Helle oder stark gesättigte Flächen fallen zuerst ins Auge. Farbflächen mit ähnlichen Eigenschaften werden als Gruppe wahrgenommen.

Farbe hat Tiefe.

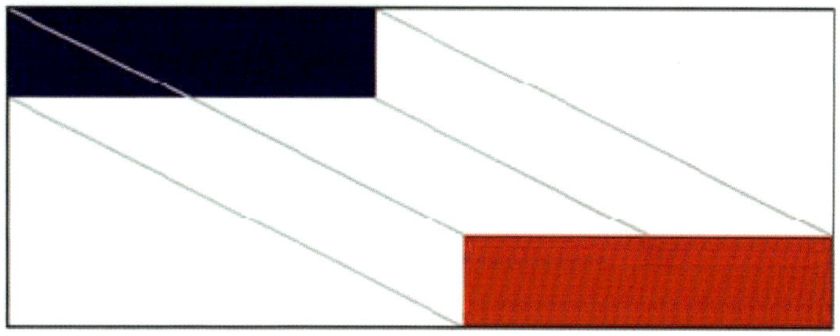

Warme Farben wirken näher als kalte. Rot steht hier also im Vordergrund, während Blau optisch in den Hintergrund tritt.

Farbflächen haben optimale Proportionen.

Stehen Flächen in einer optimalen Proportion zueinander, so spricht man von dem „goldenen Schnitt“. Auch der menschliche Körper ist nach diesem Prinzip aufgebaut, daher empfinden wir das Verhältnis unserer Körperteile zueinander als harmonisch. Der goldene Schnitt besagt, dass Flächen besonders angenehm wirken, wenn sie ein Verhältnis von 8/5 zueinander haben. Bezogen auf die Proportionen unseres Körpers, entspricht dies in etwa der Lage des Bauchnabels in Relation zur Körpergröße. Würde man dies auf die Wandgestaltung eines Raums übertragen, so müsste man einen 2,5 Meter hohen Raum bis zu einer Höhe von 1,56 Metern farbig anstreichen.

Farben und Gegenfarben.

Jede Farbe hat eine Gegenfarbe. Mit ihr kombiniert wirkt sie noch schöner und strahlender. Zusammen bilden sie ein angenehmes Gesamtbild und einen perfekten Kontrast – einen sogenannten „Komplementärkontrast“.

Wandfarben.

Grundierung.

Unter Grundierung versteht man einen Voranstrich, der den Untergrund einer Wand für weitere Anstriche vorbereitet. Eine poröse Wand wird dadurch beispielsweise verfestigt und ihre Saugfähigkeit auf ein einheitliches Maß gebracht.

Um festzustellen, ob eine Grundierung erforderlich ist, kann man ein Stück Klebeband an die Wand drücken und es dann wieder abziehen. Lösen sich dabei Stücke aus der Wand, sollte sie vorsichtshalber grundiert werden.

Wandfarbe auf Wasserbasis.

Dispersionsfarbe ist die gängigste Wandfarbe im Innenbereich. Es gibt sie in matt oder seidenmatt. Diese Farbe auf Wasserbasis trocknet schnell und ist geruchsarm. Ihr hoher Wasseranteil kann bei der Lagerung nach dem Streichen allerdings zu Schimmelbildung führen. Durch die feine Verteilung des Bindemittels lässt sich Dispersionsfarbe ohne Probleme mit Wasser verdünnen.

Für ein gutes Farbergebnis sollte die Umgebungstemperatur beim Anstrich zwischen 10-25°C liegen. Die Fenster sollten während des Streichens stets geöffnet sein. Dispersionsfarbe ist für Kinder ungefährlich.

Pinsel und Farbrollen können nach dem Streichen mit klarem Wasser ausgewaschen werden.

Wandfarbe auf Lösungsmittelbasis.

Auf Öl oder Alkydharz basierende Wandfarben trocknen nur langsam. Sie riechen intensiv und sind nicht so umweltfreundlich wie Farben auf Wasserbasis. Durch Lösungsmittel entsteht eine besonders harte und glatte Anstrichoberfläche. Diese kann aber im Laufe der Zeit spröde und rissig werden. Durch ihre guten Haftungseigenschaften ist sie für die Verwendung von Glanz- und Metallicfarben geeignet. Die Fenster müssen während des gesamten Anstrichs geöffnet bleiben! Wegen der Zugabe von Lösungsmitteln ist die Verwendung dieser Wandfarbe nicht für ein gemeinsames Streichen mit den Kindern geeignet. Zum Auswaschen der Pinsel sind Testbenzin oder Terpentin erforderlich.

Elefantenhaut.

Elefantenhaut bzw. Capaplex legt sich wie ein Schutzfilm auf die Wand und schützt sie so vor Abnutzungen. Flecken lassen sich einfach mit einem feuchten Lappen wegwischen. Dieses durchsichtige Kunstharz gibt es in seidenmatter und glänzender Ausführung. Vor einer großflächigen Anwendung empfiehlt es sich, das Harz an einer versteckten Ecke aufzubringen und zu überprüfen, ob es den Farbton der Wandfarbe verändert.

Der Malerhut.

1. Falte das Papier einmal in der Mitte.

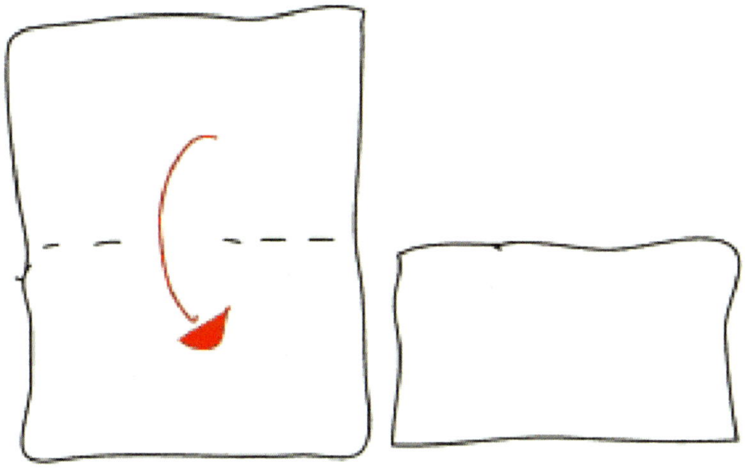

2. Falte es ein weiteres Mal, um die Mittellinie der Seite zu erhalten.

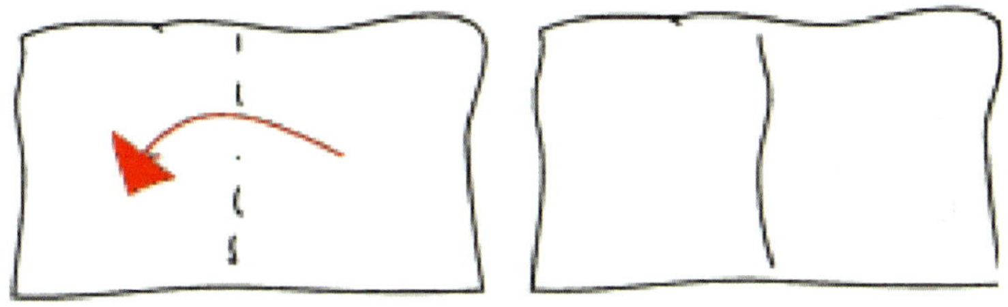

3. Nun die beiden oberen Ecken auf die Mittellinie falten.

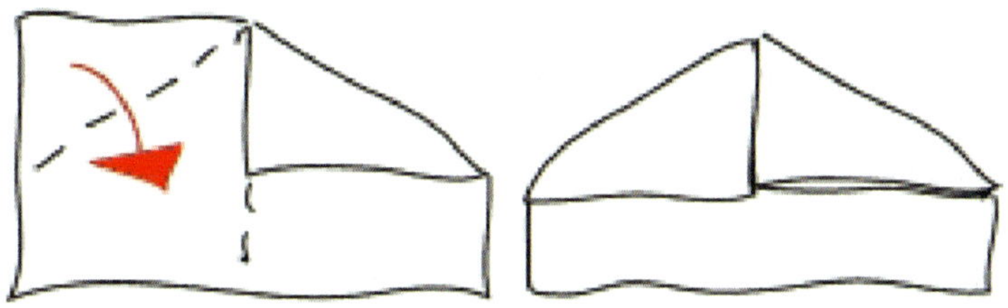

4. Klappe die beiden unten offenen Kanten auf jeder Seite nach oben.

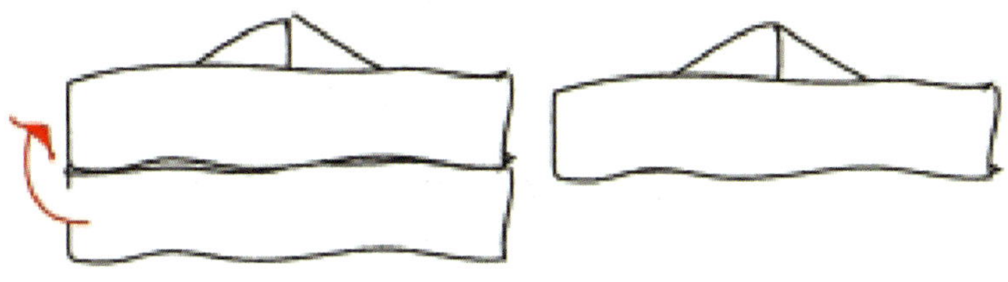

5. Die überstehenden Ecken zum unteren Rand falten – FERTIG.

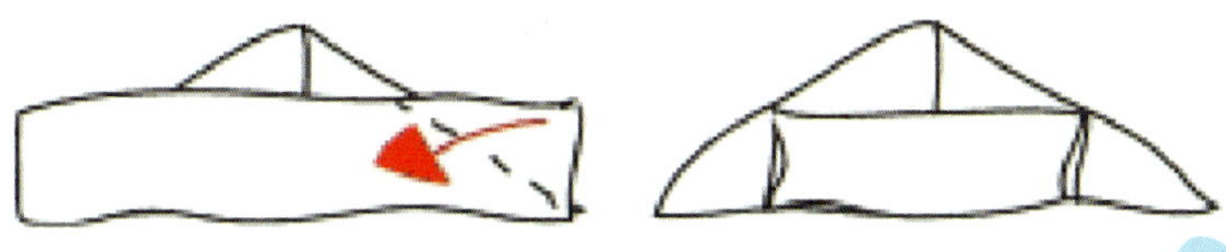

Tapeten.

Die Wandbekleidung verleiht einem Raum Atmosphäre. Bereits in der Steinzeit wurden beeindruckende Fels- und Höhlenbilder von Tieren und der Jagd an die Wände gemalt. Im 14. Jahrhundert gab es die ersten bedruckten Wandpapiere in bürgerlichen Haushalten. Sie sorgten schon damals für eine ganz besondere, neue Art der Behaglichkeit.

Tapeten sind ähnlich wie Bekleidung eine sehr intime, schmückende, aber auch schützende Hülle nach außen. Sie definieren die Grenze des persönlichen Wohnraums und setzen ihn ab von seiner baulichen Substanz.

Es gibt eine große Auswahl an unterschiedlichen Tapeten, die sich aber im Wesentlichen in drei verschiedene Gruppen unterteilen lassen: in Papiertapeten, synthetische Tapeten und Tapeten mit außergewöhnlichen Oberflächen.

Papiertapeten.

Papiertapeten machen den größten Marktanteil aus. Bedingt durch ihre kostengünstige und einfache Herstellungsweise, gibt es sie in unzähligen Farb- und Mustervariationen. Dabei sollte man bei Papiertapeten mit Mustern zu dem berechneten Grundverbrauch noch den Rapport (Verschnitt) addieren, dieser ist bei großen Mustern größer als bei kleinen.

Die bekannteste aller Papiertapeten ist die Raufasertapete. Sie wird meist aus recycelten Papierfasern hergestellt und erhält ihre typische raue Oberfläche durch den Einschluss von kleinen Holzfasern. Die mehrfache Überstreichbarkeit der Raufasertapete macht sie zu einem robusten Wandbelag, der für jeden Raum geeignet ist.

Prägetapeten erhalten ihre Struktur durch das Bearbeiten mit Positiv- und Negativwalzen. Da es bei Prägetapeten große Qualitätsunterschiede gibt, sollte man besser eine „dublierte Prägetapete" auswählen. Bei ihr wurden zwei Papierbahnen miteinander verklebt und noch im feuchten Zustand weiterverarbeitet, wodurch die Prägung besonders formstabil wird.

Eine immer noch besonders angesagte Papiertapete ist die Fototapete. Ein Motiv im XXL-Format wird dabei über mehrere Bahnen gedruckt. Viele Onlineanbieter verfügen nicht nur über eine riesige Auswahl an Motiven, sondern bieten auch den Druck der eigenen Bilder als Fototapete an.

Da Fototapete oft besonders dünn ist, ist eine sorgsame Vorbearbeitung der Wände ratsam. Schon kleine Unebenheiten können durch die Tapete „schlagen" und so schnell von dem schönen Motiv ablenken.

Die Vliestapete ist eine „Mischtapete". Sie besteht aus einer Trägerschicht aus Zellstoff und Textilfasern. Ihre Oberfläche besteht entweder aus einer Trägerschicht, die mitgeprägt wurde, oder aus einer zusätzlich aufgebrachten PVC-Schicht.

Synthetische Tapeten.

Synthetische Tapeten enthalten einen großen Anteil an Kunstfasern. Diese haben durch ihre Abwaschbarkeit viele Vorteile, aber auch einen negativen Einfluss auf das Raumklima, denn der Luftaustausch zwischen Raum und Wand wird durch sie unterbrochen.

Besonders bei kunststoffbeschichteten Papiertapeten, bei denen die Kunststoffschicht als Folie auf das Trägerpapier aufgebracht wurde, ist der Luftaustausch im Raum beeinträchtigt.

Vinyltapeten bestechen durch ihre schaumartige Oberfläche. Eine weichmacherhaltige Folie wird dabei auf unterschiedlichste Träger aufgebracht, bedruckt und in einem Heißprägeprozess veredelt. Beim Anbringen dieser Tapetenart ist besonders die dauerhafte Ausdünstung der Weichmacher in die Raumluft bedenklich. Zudem besteht bei Vinyltapeten die Gefahr, dass die giftige PVC-Folie beim Abpulen und In-den-Mund-Stecken kleiner Tapetenstücke direkt in den Körper des Kinds gelangen kann.

Tapeten mit fühlbar strukturierten und weichen Oberflächen enthalten meist eine Schicht weichmacherhaltigen PVC-Schaum und sind daher nicht zu empfehlen. Zu diesen Schaumtapeten gehören: Vliestapeten mit PVC-Oberfläche, Vinyltapeten, Relieftapeten und auch Profiltapeten.

Tapeten mit außergewöhnlichen Oberflächen.

Besonders edel wirken Tapeten mit außergewöhnlichen Oberflächen. Auf eine Trägerschicht, die meist aus Papier besteht, werden Gräser, Kork, Glas oder Sand aufgebracht. Da diese Tapeten oft noch in Handarbeit hergestellt werden, zählen sie nicht gerade zu den günstigsten Tapeten und werden oft pro Quadratmeter berechnet. Günstiger, aber dennoch genauso edel sind Velourstapeten. Textilfasern werden bei dieser Tapetenart in ein Klebstoffbett getaucht und auf die Trägerschicht aufgebracht. Velourstapeten werden oft nur partiell beflockt, um das Miteinander von normaler Papier- und Samtoberfläche hervorzuheben.

Vlies- und Papiertapeten

sind die beiden meistverwendeten Wandbekleidungen. Sie besitzen jedoch ganz unterschiedliche Eigenschaften:

Während Vliestapeten ohne Einwirkzeit direkt auf die eingekleisterte Wand aufgetragen werden können, erfordern Papiertapeten etwas mehr Geduld. Sie werden rückseitig eingekleistert und zunächst zum Einweichen zur Seite gelegt. Diese Einwirkzeit ist besonders wichtig, da sich Papiertapeten dabei im Gegensatz zu Vliestapeten um bis zu 15 mm ausdehnen können.

Lässt man den Kleister allerdings zu lange einwirken, weichen sie auf und reißen dann schnell ein. Bei Wandbekleidungen auf Vliesbasis können kleine Risse und Beschädigungen hingegen einfach kaschiert und überbrückt werden. Sie lassen sich auch nach Jahren einfach trocken wieder von der Wand abziehen.

Dank der genormten Eurorollen mit einem festgelegten Maß von 53 cm Breite und 10,05 m Länge ist es möglich, die benötigte Rollenanzahl genau zu ermitteln (siehe dazu die nachfolgende Tabelle). Dazu wird einfach der Raumumfang mit der Raumhöhe multipliziert und durch 5 geteilt. Verschnitt und Musterzugaben sind in diesen Berechnungen enthalten.

Raumumfang in Metern	Raumhöhe 2,10 – 2,35 m	Raumhöhe 2,40 – 3,05 m	Raumhöhe 3,10 – 4,00 m
6	3	4	5
10	5	7	9
12	5	8	11
15	8	10	14
18	9	12	17
20	10	14	19
24	12	16	23

(Quelle: http://www.frag-einfach-uns.de/tapezierer/tapetenrollen-so-berechnet-man-den-bedarf/)

Tipp:

Beschädigte oder beschmutzte Stellen auf Profil- oder Vliestapeten können mithilfe des Doppelnahtschnitts ganz einfach ausbessert werden, indem man:

1. über die schadhafte Stelle ein neues Stück Tapete hält,
2. durch beide Tapeten hindurch die auszubessernde Stelle herausschneidet,
3. die alte Tapete entfernt und die neue einsetzt.

Farbenquiz.

Welche Farben lassen sich miteinander mischen? Probier es in deinem Malkasten doch einmal aus. Tipp: Du brauchst nur die vier Grundfarben. Denk auch beim Kauf von Plakafarben daran – so kannst du jede Menge Geld sparen.

Beleuchtung.

Licht ist ein wichtiges gestalterisches Element der Raumplanung. Kinderzimmer können mit einem einfachen Klick von einem wilden Spielplatz in eine fantasievolle Märchenhöhle verwandelt werden. Alles, was man dazu braucht, sind Lichtquellen mit zwei unterschiedlichen Eigenschaften:

Aktives Licht.

Aktives Licht – beispielsweise durch das Anschalten einer Deckenleuchte – erzeugt eine bestimmte „Lichtstimmung“. Der Raum wird durch die Lichtquelle gleichmäßig von oben erhellt. Auf diese Weise imitiert der Mensch das Tageslicht und schafft so im Kinderzimmer eine optimale Beleuchtung zum Spielen, Toben und Lernen.

Schlummerlicht.

Das Schlummerlicht steht im Gegensatz zum aktiven Licht. Es kann beispielsweise als Ritual vor dem Schlafengehen eingesetzt werden. Das abgedunkelte Licht verdeutlicht dem Kind, dass der Tag zu Ende geht und die Nacht beginnt. Es schafft eine besondere Lichtstimmung für Augenblicke des ungestörten Miteinanders zum Singen oder Geschichtenvorlesen. Ein in einer Ecke des Kinderzimmers platziertes Schlummerlicht zaubert ein spannendes Licht- und Schattenspiel.

Lichtquelle Tageslicht.

Lichtquelle Halogenlampe.

Lichtquelle Energiesparlampe.

Leuchtmittel.

Bei der Wahl des geeigneten Leuchtmittels sorgt die große Auswahl leicht für Verwirrung. Hier soll nun ein wenig Licht ins Dunkel gebracht werden.

Die bekannteste und beliebteste Lichtquelle ist die Glühbirne. Sie beruht auf einer altbewährten und günstigen, dabei jedoch nicht unbedingt Strom sparenden Technik, die aber ein schönes Licht gibt. Seit September 2009 wird sie schrittweise vom Markt genommen und ihre Produktion wird im August 2012 schließlich ganz eingestellt.

Danach hat der Kunde die Auswahl zwischen Energiesparlampen oder Halogenlampen. Doch worin unterscheiden sich beide?

Besonders wichtig für die Qualität des Lichts, das eine Leuchtquelle erzeugt, ist die Wiedergabe der Farben im Raum: nur die Farben, die in dem Farbspektrum des Leuchtmittels vorhanden sind, können auch richtig wiedergegeben werden. Bei den Farbspektren (siehe die Abbildung unten) ist leicht zu erkennen, dass die Energiesparlampe nur über ein lückenhaftes Spektrum verfügt. Das ist der Grund für die „seltsam kalte Atmosphäre" in Räumen mit Energiesparlampenlicht. Es weicht von dem uns bekannten Tageslicht ab und bereitet uns dadurch ein unbehagliches Gefühl. Halogenlampen hingegen haben eine Farbwiedergabe von 100%. Alle Farben erscheinen naturgetreu in angenehmer Lichtstimmung.

Tageslicht

Energiesparlampe

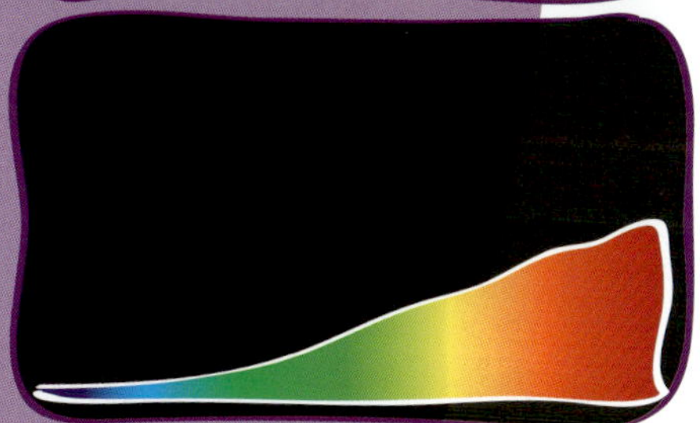

Halogenlampe

Anhand der extremen Ausschläge im Farbspektrum der Energiesparlampe wird deutlich, dass fast ausschließlich gelbes und grünes Licht wiedergegeben wird. Die anderen Farben, wie z.B. Rot oder Blau, werden geschluckt. Die Farben im Raum können somit nicht natürlich wiedergegeben werden.

Anschaffungspreis.

Ein wichtiges Kriterium ist der Anschaffungspreis. Die Halogenlampe ist mit Abstand die günstigste Alternative zur Glühbirne. Die Energiesparlampe wird nach Ablauf der Subventionierung im Preis voraussichtlich noch weiter steigen.

Lebensdauer.

Eine Halogenlampe hat in der Regel eine 2-4fach längere Lebensdauer als eine Glühbirne. Die Lebensdauer einer Energiesparlampe ist abhängig von der Häufigkeit des Ein- und Ausschaltens und liegt bei etwa 25.000 Schaltzyklen.

Energieeinsparung.

Der Wechsel von der Glühbirne zur Halogenlampe spart mindestens 30% Energie. Durch ihre moderne Technik, die ohne Gift- und Schadstoffe auskommt, hat sie die beste Ökobilanz. Anders sieht es bei der Energiesparlampe aus. Bei ihr können die Einsparungen wegen der unklaren Angaben der Verbrauchswerte nicht genau benannt werden. Diese kommen dadurch zustande, dass die zusätzlich für Vorschaltgeräte benötigte Energie nicht berücksichtigt wird, d. h. bei der Angabe der Wattleistung nicht mit einbezogen wird.

Doch ein Kriterium sollte beim Kauf von Leuchtmitteln das Wichtigste sein – die Gesundheit ...

Den Klimawandel zu stoppen, scheint so leicht zu sein. Jeder von uns kann seinen Teil dazu beitragen, verspricht uns die Werbung, wenn wir uns für „sparsame" Energiesparlampen entscheiden. Wir werden mit Einsparmöglichkeiten von bis zu 80% gelockt und das bei einer Lebensdauer, die jede Glühbirne in den Schatten stellt.

Doch warum setzt sich die Energiesparlampe (ESL) nicht durch?

Die Zweifel von Lichtplanern und Warentestern an ihrer realen Lebensdauer, ihrer Lichtqualität und der durch sie verursachten gesundheitlichen Belastung werden immer lauter.

Doch selbst wenn man alle Spekulationen außer Acht lässt und sich nur auf die Fakten konzentriert, überkommt einen ein ungutes Gefühl.

Die Technik der ESL erfordert zum Starten Quecksilber. Es wird beim Einschalten verdampft, erhitzt und zündet schließlich das Leuchtmittel. Genau dieses Nervengift sollte jedoch seit 2005 durch ein EU-Minimierungsprogramm aus allen Haushalten verbannt werden. Um die Gefahr zu verdeutlichen, die von Energiesparlampen ausgeht, folgen nun ein paar erschreckende Zahlen.

Quecksilber in einer Kleinstadt.	
Einwohnerzahl	ca. 30.000
Durchschnittliche Anzahl von Personen im Haushalt	2
Quelle: Statistisches Bundesamt Deutschland, Trendvariante 2011	
= Haushalte in einer Kleinstadt	14.925
Durchschnittliche Anzahl der Leuchtmittel im Haushalt	5
Marktanteil an Energiesparlampen, Stand 2009	12%
Quelle: Wirtschaftsblatt.at vom 25.01.2011	
= Anzahl der Energiesparlampen in einer Kleinstadt	8.955
Durchschnittlicher Quecksilbergehalt in ESL	3,5 mg
Quelle:http://www.gesund-wohnen.ch; unter Downloads „Energiesparlampe Zitate“	
= ESL bedingtes Quecksilber	ca. 31,3 g

Das entspricht etwas mehr als dem Gewicht eines Standardbriefs, könnte man denken.

Aber zur Neutralisierung von einem Milligramm Quecksilber benötigt man theoretisch einen „Würfel“ Erdboden mit den Kantenlängen von 18 x 18 x 17 Metern. Ein Milligramm Quecksilber ist in der Lage, 5.300 Liter Trinkwasser zu verseuchen.

(Quelle: „Das Einstellen der Glühlampenherstellung – Ist die Öffentlichkeit zu wenig oder falsch informiert?“ von Gad Giladi,www.licht01.de)

Doch was bedeutet das für unsere Kleinstadt?

Durch die Verwendung von ESL kommen wir auf einen Quecksilbergehalt von 31,3 Gramm. Um es zu neutralisieren, sind 165.890 Liter Wasser erforderlich. Das entspricht der Trinkwassermenge für alle 30.000 Einwohner über einen Zeitraum von 2,7 Tagen. Zudem werden in deutschen Haushalten lediglich 10% der Leuchtmittel fachgerecht recycelt.
(Quelle: www.quecksilber.wordpress.com)

Zum Vergleich: Schweden hat eine Recyclingquote von 90%. (Quelle: Deutsche Umwelthilfe)

Natürlich bleibt es jedem selbst überlassen, wie er mit diesen Daten umgeht. Auch bei der Herstellung von Glühbirnen wird Quecksilber freigesetzt, doch dabei liegt die Gefahr in fachmännischen Händen und besteht nicht womöglich im Kinderzimmer – und das, ohne die gesundheitlichen Folgen einer zerbrochenen ESL genau zu kennen:

Kopfschmerzen, Schwindel, Zittern, Seh- und Hörstörungen, Schleimhautentzündungen, Magen- und Darmkoliken, Metallgeschmack im Mund, blutiger Durchfall, Erbrechen, Nierenversagen, Blutdruckabfall, Kreislaufzusammenbruch. Ab einer Dosis von 150-300 mg ist Quecksilber tödlich.

(Quelle: Apoverlag, Broschüre zum Tag der Apotheke vom 9.10.2007)

Wichtiger Warnhinweis: Quecksilber ist schwerer als Luft und setzt sich somit im Spielbereich der Kinder ab.

Energiesparlampen sind Sondermüll und müssen recycelt werden!

Das Handwerkerlied.

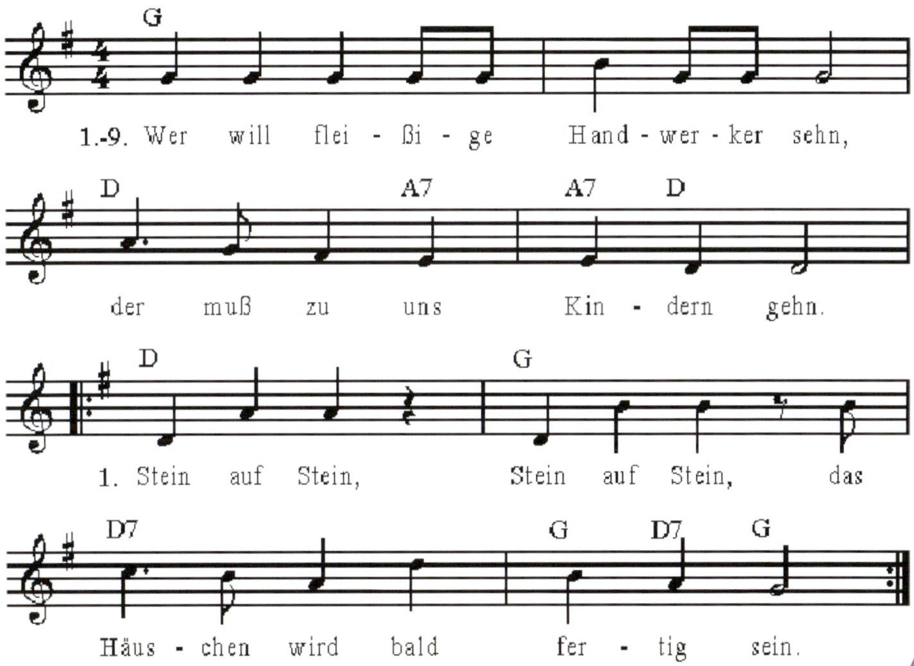

Wer will...
|: O wie fein, :|
der Glaser setzt die Scheiben ein.

Wer will...
|: Zisch, zisch, zisch, :|
der Tischler hobelt glatt den Tisch.

Wer will...
|: Poch, poch, poch, :|
der Schuster schustert zu das Loch.

Wer will...
|: Rühre ein, :|
der Kuchen wird bald fertig sein.

Wer will...
|: Tauchet ein, :|
der Maler streicht die Wände fein.

Wer will...
|: Trapp, trapp, drein, :|
jetzt geh'n wir von der Arbeit heim.

Wer will...
|: Stich, stich, stich, :|
der Schneider näht ein Kleid für mich.

Wer will...
|: Hopp, hopp, hopp, :|
jetzt tanzen alle im Galopp.

Richtig lüften.

Ein angenehmes Raumklima ist für die Gesundheit besonders wichtig. Mit ein paar einfachen Tipps kann man Schimmelbildung nicht nur verhindern, sondern auch noch Energie und Geld sparen. Doch wie lüfte ich richtig?

Jeder Mensch transpiriert täglich im Durchschnitt ca. 1,5 Liter Feuchtigkeit. Diese wird von der Luft aufgenommen. Dabei ist das Aufnahmevolumen der Luft von der Temperatur abhängig. 20°C warme Luft kann z. B. 15 g Wasser pro Kubikmeter aufnehmen. Kommt diese mit Wasser gesättigte Luft in Kontakt mit kalten Flächen, tritt das Wasser in Form von Tauwasser wieder aus.

Besonders gut ist dieses Phänomen nach dem Duschen zu beobachten. Der heiße Wasserdampf kondensiert an kalten Gegenständen, z. B. an den Fliesen, und wird wieder zu Wasser. So einfach ist dieser Effekt in Wohn- und Schlafräumen aber leider nicht zu erkennen. Fehlerhaftes Lüften macht sich hier erst bemerkbar, wenn es schon zu spät und der Schimmel schon sichtbar ist.

Regelmäßiges richtiges Lüften beugt der Schimmelbildung vor, nur so lässt sich die feuchte, verbrauchte Luft „entsorgen". Im Winter ist das Lüften jedoch problematisch, da auch die Außenluft feucht und kalt ist. Ein Luftaustausch ist für die Auffrischung der Atemluft aber zwingend notwendig. Daher ist in der kalten Jahreszeit eine verkürzte Lüftungszeit ratsam.

Es ist schwierig, das optimale Raumklima zu schaffen: Es sollte der Gesundheit wegen und aus Kostengründen nicht zu warm sein, darf aber auch nicht zu kalt sein, da die Luft mit jedem Grad weniger auch weniger Wasser aufnehmen kann. Gelüftet werden muss aber dennoch, um für frische Luft zu sorgen. Dabei dürfen die Fenster nicht zu lange aufbleiben, damit die Wände nicht auskühlen. Hier gibt es Richtwerte, die eine Orientierung, aber keine Gewissheit geben können, da auch die verwendete Bausubstanz das Raumklima beeinflusst. Die optimale Zimmertemperatur zum Schlafen beträgt 16-18°C, tagsüber darf es auch 18-20°C warm sein. Dabei sollte auf eine Luftfeuchtigkeit zwischen 60-70% geachtet werden. Sogenannte „Hygrometerstationen" sind bereits für unter 10 Euro erhältlich. Sie überwachen das Raumklima, d. h. Temperatur und Luftfeuchtigkeit, optimal.

DIN-Empfehlungen für Lüftungsdauer in Minuten.

Jan.	4-6
Feb.	4-6
März	8-10
April	12-15
Mai	16-20
Juni	25-30
Juli	25-30
Aug.	25-30
Sept.	16-20
Okt.	12-15
Nov.	8-10
Dez.	4-6

(Quelle:www.bremer-energie-institut.de; unter Download „Lüftampel")

An Außenwänden sollten große Möbel etwas in den Raum gerückt werden, um für eine durchgehende Zirkulation zu sorgen.

Zudem empfiehlt es sich, Fenster auf Ritzen zu überprüfen und diese abzudichten! Am besten mit einem Feuerzeug am Rahmen entlangfahren, so lassen sich selbst kleinste Luftströme aufspüren.

Hallo, ich bin Woti.

Ich wohne mit meinen Freunden in deinem Kinderzimmer. Wir fliegen Tag und Nacht durch die Luft, um unser Lieblingsessen – winzig kleine Wassertropfen – zu finden. Doch leider sind wir schnell satt und vom vielen Flitzen bald müde. Aber die Wassertropfen müssen immer eingefangen werden, sonst werden aus den kleinen Tropfen schnell reißende Flüsse und machen dein Zimmer pitschenass. Das schaffen wir nur mit der Unterstützung von unseren Freunden. Die wohnen an der frischen Luft und sind besonders stark und hungrig. Sie helfen uns nach draußen. Da werden wir wieder fit. Vergiss also nie, regelmäßig dein Fenster aufzumachen.

Und noch ein Tipp: Mach das Fenster immer weit auf, dann müssen sich unsere Freunde von draußen nicht durch den engen Fensterspalt quetschen. Das dauert so lange! Doch lass das Fenster nicht die ganze Zeit offen ..., sonst fressen sie uns alle Wassertropfen weg.

Feuchte Luft kann durch Wände dringen. Es bildet sich Schimmel und Kältebrücken können entstehen.

Sicherheit.

1,8 Millionen Kinder in Deutschland erleiden jedes Jahr einen Kinderunfall. Ablenkung, Hast, Übermut und Unkenntnis sind oft die Ursachen. Doch Kinder kann man nicht rund um die Uhr beaufsichtigen. Zudem ist es besonders im Kinderzimmer wichtig, das Kind ab einem gewissen Alter seine eigenen Erfahrungen sammeln zu lassen. Da sollte nicht nur das Vertrauen in das Kind stimmen, auch die Ausstattung seines Zimmers muss angemessen sein. Durch einfache Sicherheitsregeln lassen sich rund 60% aller Unfälle vermeiden.

(Quelle der folgenden numerischen Abstands- und Sicherheitsangaben: Bundesarbeitsgemeinschaft „Mehr Sicherheit für Kinder e.V.“; www.kindersicherheit.de)

Sicherheitsrundgang durch die Wohnung.

In diesem Kapitel werden wir uns jedes Zimmer in der Wohnung genau anschauen, um Gefahrenquellen für Kinder zu erkennen und zu beheben. Oft ist es dabei hilfreich, die Welt der Kleinsten aus ihrer Sicht zu betrachten. Wie wäre es also, einmal auf allen vieren durch die Wohnung zu krabbeln und Ausschau zu halten nach spitzen Ecken, wackeligen Gegenständen und Stolperkanten?

Kinderzimmer.

Das Kinderzimmer ist nicht nur ein Rückzugsort zum Schlafen, sondern bei schlechtem Wetter auch Spiel- und Tobplatz. Besonders wichtig ist dabei, dass auch die Möbelausstattung stimmig ist. Kinder lernen in ihrem Zimmer nach und nach, Gefahren und Risiken richtig einzuschätzen. Damit man sein Kind aber auch ruhigen Gewissens eine Zeit lang allein im Kinderzimmer spielen lassen kann, sollten zuvor einige Punkte geklärt werden, um so größere Unfälle auszuschließen:

- Alle Möbel sollten stabil und kippsicher sein.
- Regale zusätzlich mit Wandhalterungen absichern.
- Das Lieblingsspielzeug des Kinds stets in erreichbarer Höhe aufbewahren.
- Scharfkantige Heizkörper abdecken oder ein Möbelstück davorstellen.
- Alle Fenster sollten sich abschließen oder kindersicher verriegeln lassen.
- Stromleitungen und Bodenbelag kontrollieren, lose Kanten können mit doppelseitigem Klebeband fixiert werden.
- Elektronische Geräte sollten regelmäßig kontrolliert werden. Achtung: Defekte Geräte stellen eine Brandgefahr dar.
- Kinder sollten über grundlegende Gefahren wie Feuer, Wasser und Strom schon früh aufgeklärt werden.

Küche.

Für Kinder ist die Küche ein spannender Ort. Aber nicht nur, weil es lecker riecht und es viele geheimnisvolle Schränke und Schubladen gibt, sondern weil hier auch immer etwas los ist. Mama und Papa wirbeln mit Rührschüssel und -besen herum, schütten dampfendes Nudelwasser aus und schmecken Knisterndes aus Pfanne und Kochtopf ab. Das weckt das Interesse von Kindern. Besonders wichtig, aber auch besonders schwer fällt dabei das Umgewöhnen eingespielter Kochabläufe in der hektischen Mittagszeit. Noch immer verbrennen sich jedes Jahr in Deutschland laut der „Broschüre Paulinchen – Initiative für brandverletzte Kinder e.V." rund 3.000 Kinder so schwer, dass sie lebenslang Narben davontragen werden.

- Stets die hinteren Herdplatten benutzen.
- Eine Spielecke in der Küche einrichten, z. B. eine Kinderschublade mit bunten Plastikbechern, Tellern und Dosen.

- Geräte wie Wasserkocher, Tauchsieder und Fritteusen außer Reichweite von Kindern aufstellen und darauf achten, dass Kabel nicht herunterhängen.
- Pfannenstiele immer nach hinten drehen. Kinder könnten nach ihnen greifen und die Pfanne samt heißem Inhalt herunterziehen.
- Messer und Gabeln sofort abspülen und sicher verstauen. Auf diesem Wege gelangen keine spitzen Gegenstände in die Spülmaschine, die oft sehr leicht für Kinderhände zu öffnen ist.
- Spritzwasser und Fett lassen den ohnehin schon glatten Fliesenbelag zur Rutschpartie werden. Kinder sollten daher nie in der Küche herumrennen.
- Putzmittel stets in oberen Schränken aufbewahren.
- Bügeleisen ausschalten UND den Stecker ziehen.

Bad.

Besonders im Badezimmer wird der Forscherdrang von Kindern geweckt. Hier ist irgendwie alles anders. Die Luft ist wärmer und feuchter. Es riecht nach Seife und Shampoo und auch die Einrichtung ist ganz anders als in den übrigen Zimmern der Wohnung. Doch die Gefahren, die von Wasser und Strom im Badezimmer ausgehen, sind nicht zu unterschätzen. Kinder sollten daher nie unbeaufsichtigt im Bad spielen.

- Kleine Kinder beim Baden nie unbeaufsichtigt lassen. Größere Geschwister können die Aufsichtspflichten der Eltern noch nicht übernehmen.
- Duschabtrennungen wie z. B. Glastüren sollten immer geschlossen sein. Da sie in Hektik und Eile oft schlecht erkennbar sind und zudem scharfe Ecken haben, stellen sie eine große Gefahrenquelle dar.
- Antirutschmatten für Fußboden, Dusche und Badewanne schützen das Kind vor Stürzen.
- Hocker mit einer breiten und rutschfesten Auftrittfläche sorgen für einen sicheren Stand am Waschbecken.
- Ein Wassertemperaturregler kann Mischbatterien absichern. Heißes Wasser in der Leitung stets ablaufen lassen.
- Elektrische Geräte wie Fön und Rasierapparat sollten nie im Badezimmer herumliegen.
- Die Badezimmertür sollte nie abgeschlossen werden, um zu vermeiden, dass das Kind in Panik die Tür nicht mehr öffnen kann. Für Gäste kann der Schlüssel beispielsweise in einem oberen Regal abgelegt werden.

Wohnzimmer.

Im Wohnzimmer treffen Kinder auf die Welt der Erwachsenen. Sie ist voller alltäglicher Kleinigkeiten, die für uns so normal sind, dass wir in ihnen keine direkte Gefahr für das Kind sehen. Ein genauer Blick kann Kinder hier also vor vielen kleinen Unfällen bewahren.

- Bereits der Inhalt einer Kaffeetasse reicht aus, um 30% der Körperoberfläche eines Säuglings zu verbrühen.
- Herabhängende Tischdenken und Stromkabel wecken die Aufmerksamkeit von Kindern.
- Stecknadeln und Bleibänder in Gardinen können verschluckt werden.
- Vasen, Blumen und vor allem Blumenerde können unbeaufsichtigt schnell zum Spielzeug werden.
- Möbelkanten sollten besonders entlang der Laufwege der Kinder gesichert werden.
- Schränke und Regale vor dem Umkippen sichern, denn sie laden Kinder zum Klettern ein.
- Antirutschstreifen sorgen für einen festen Halt von Teppichen und Läufern.
- Alkohol, Zigaretten und Streichhölzer dürfen nie auf dem Tisch liegen gelassen werden.
- Defekte Elektrokabel können schnell Brände verursachen!
- Gegenstände wie Stühle und Tischchen nie direkt am Fenster aufstellen oder entfernen. Auch sie laden Kinder zum Klettern ein.

Kauftipps.

Worauf muss ich bei Neuanschaffungen von Möbeln achten, um schon im Vorfeld Gefahren zu vermeiden? Grundsätzlich müssen neue Möbel zunächst auslüften: Dazu Türen und Schubladen von Schränken für einige Tage öffnen, neue Matratzen schräg an die Wand stellen und die Möbel etwas in den Raum rücken.

Kinderbetten.

Im Kinderbett verbringen die Kleinsten einen Großteil der ersten Zeit. Die Auswahl an Kinderbetten ist riesig. Es gibt Modelle mit höhenverstellbaren Bettböden, mit kleinen Ein- und Ausstiegen und natürlich auch Reisebetten. Doch besonders von einem Reisebett als festes Kinderbett ist abzuraten. Das geringe Gewicht des Kinds lässt das Bett schnell umkippen und auch die Matratzen haben wenig mit einem gemütlichen Kindernest gemein. Besonders wichtig ist es daher, beim Kauf von Kinderbetten auf verschiedene Faktoren zu achten:

- Das Ausstellungsstück mit einem Rütteltest auf Stabilität prüfen.
- Scharfe Ecken, spitze Kanten und vorstehende Schrauben dürfen nicht vorhanden sein.
- Keine kleinen Ritzen, in denen sich das Kind die Finger quetschen kann.
- Verfügt das Bett über Rollen, müssen mindestens zwei davon mit Feststellern gesichert werden können.
- Mindestens 60 cm Abstand zwischen dem Bettboden (in unterster Position) und der Oberkante des Gitters. Das verhindert das Darüberklettern.
- Mindestens 30 cm Abstand zwischen dem Bettboden (in oberster Position) und der Oberkante des Gitters, um das Herausrollen zu verhindern.
- Abstand zwischen den Gitterstäben: möglichst 4,5-6,5 cm
- Stabiler Rost, maximal 6 cm Abstand zwischen den Latten
- Luftdurchlässige, nicht zu weiche Matratze
- Maximal 4 cm Abstand zwischen Bettrahmen und Matratze
- Faltbare Reisebetten müssen mindestens zwei Feststellmechanismen haben.
- Auf Sicherheitsetiketten achten, besonders das GS-Zeichen wäre empfehlenswert.

Etagen- bzw. Hochbetten.

Etagen- oder Hochbetten laden zum Klettern und Toben ein, was aber nicht nur Risiken birgt, sondern auch die motorischen Fähigkeiten stärkt. Trotzdem ist es ratsam, die Kinder beim ersten Herumtoben und spielerischen Ausprobieren der Betten zu beaufsichtigen, um ihre Risikobereitschaft besser einschätzen zu können und sie gegebenenfalls aufzuklären.

- Auch hier das Ausstellungsstück mit einem Rütteltest auf Stabilität prüfen, eventuell muss eine Wandbefestigung angebracht werden.
- Das Bettgestell sollte nicht aus Spanplatten, sondern aus massiven Materialien in ausreichender Stärke bestehen.
- Schrauben müssen im Bettboden versenkbar sein.
- Ecken und Kanten sollten glatt geschliffen und abgerundet sein.
- Ist eine ausreichend hohe Brüstung vorhanden? Der Abstand zwischen der Oberkante der Matratze und der Oberkante der Brüstung sollte mindestens 16 cm betragen, empfohlen werden in der Regel 30 cm.
- Die Leiter sollte fest am Bett montiert werden können.
- Abstand der Leitertritte zwischen 20 und 30 cm
- Auftrittbreite der Stufen mindestens 30 cm
- Auftritttiefe mindestens 9 cm
- Sicherheitsetiketten wie z. B. GS-Zeichen sollten vorhanden sein.

Wickeltische.

Ein Sturz vom Wickeltisch ist im ersten Lebensjahr des Kinds eine der häufigsten Unfallursachen. Da der Kopf proportional zum Rest des Körpers noch viel größer ist, kommt es dabei schnell zu Traumata. Wenn das Kind besonders „zappelig" ist, so ist das Wickeln auf dem Boden eine gute Alternative.

- Das Ausstellungsstück mit einem Rütteltest auf Stabilität testen.
- Optimale Wickelhöhe: 85-92 cm
- Drei Seitenschutzränder sollten vorhanden sein. Zusätzlich kann der Wickeltisch direkt in eine Raumecke gestellt werden.
- Auf Wickelauflagen mit zu dick gepolsterten Rändern sollte besser verzichtet werden. Achtung: Die Seitenschutzränder bieten keinen ausreichenden Schutz mehr vor Stürzen.
- Die Wickelauflage sollte möglichst fixiert werden können.
- Wickelfläche mindestens 55 cm tief und 70 cm breit
- Das Wickelzubehör sollte in Reichweite aufbewahrt werden.
- Möglichst kein Spielzeug am Wickeltischrand aufbewahren, um das Kind nicht zu motivieren, sich das Spielzeug zu „besorgen".
- Besser ein Windspiel zentral über dem Wickeltisch aufhängen, es zieht die Aufmerksamkeit des Kinds auf sich.
- Auf Sicherheitsetiketten achten. Besonders das GS-Zeichen wäre empfehlenswert.

Hochstühle.

Sobald das Kind alleine aufrecht sitzen kann, stellt sich die Frage nach dem richtigen Hochstuhl. Es gibt sie mittlerweile aus den verschiedensten Materialien wie Kunststoff oder Massivholz. Moderne Stühle wachsen mit und bieten eine Sitzmöglichkeit bis ins Erwachsenenalter. Beim Kauf eines Hochstuhls sollte das Kind unbedingt dabei sein, um es „probesitzen" zu lassen. Dabei ist wichtig, dass die Sitztiefe und auch die Fußstütze dem Kind individuell angepasst werden können.

- Da sich Kinder in ihrem Hochstuhl gerne aufstellen oder weit nach rechts und links heraushängen, ist auf eine besondere Standfestigkeit zu achten.
- Der Hochstuhl sollte sich mühelos reinigen lassen.

- Eine stabile und hohe Rückenlehne verhindert ein Überkippen des Kinds nach hinten.
- Ein Bauch- und Schrittgurt verhindert das Aufstehen aus dem Sitz.
- Falls der Hochstuhl über Rollen verfügt, müssen zwei feststellbar sein.
- Am besten alle für das Kind erreichbaren Ecken und Kanten mit der Hand abfahren, um sie auf scharfe Kanten zu überprüfen.
- Auf Sicherheitsetiketten achten. Beim Kauf eines Hochstuhls ist besonders das GS-Zeichen empfehlenswert.

Laufställe.

Laufställe bieten eine tolle Möglichkeit der kurzfristigen, sicheren Unterbringung des Kinds, wenn die Betreuung durch die Eltern für kurze Zeit nicht gewährleistet werden kann. Momente wie diese gibt es im Alltag ständig: das Telefon klingelt oder die Wäsche muss schnell aufgehängt werden. Trotzdem sollten Laufställe nur im Notfall genutzt werden, da sie auf Dauer die Neugier und den Bewegungsdrang des Kinds unterdrücken. Sie sind zudem nur sicher, solange das Kind noch nicht laufen kann, danach entsteht schnell die Gefahr des Überkletterns der Brüstung und des Kippens des gesamten Laufstalls.

- Es darf keine Ecken im Laufstall geben, an denen sich das Kind die Finger klemmen kann.
- Höhe von mindestens 60 cm
- Abstand zwischen den Gitterstäben maximal 4,5-6,5 cm
- Verfügt der Laufstall über einen zusätzlichen, an der Brüstung fixierten Boden, ist er in der Regel kippsicherer.
- Die Laufstalleinlage sollte kratz- und bissfest sowie einfach zu reinigen sein.
- Auch dabei auf Sicherheitsetiketten achten. Besonders das GS-Zeichen ist hier empfehlenswert.

Lauflernhilfe – ja oder nein?

„Wie praktisch!“, mögen sich viele Eltern beim Anblick einer Lauflernhilfe denken. Die Kinder sitzen in einem Gestell auf Rollen mit integriertem Spieltisch und können sich durch das Abstoßen mit den Füßen zufrieden durch die Wohnung bewegen. Die Werbung verspricht darüber hinaus auch noch ein schnelleres Laufenlernen. Wissenschaftliche Studien haben dies jedoch widerlegt. In einem „Gehfrei“ wird das Kind kein Gefühl für Balance erlangen. In den skandinavischen Ländern sind Lauflernhilfen schon längst verboten.

Denn eine Gefahr geht dabei nicht nur von den aus motorischer Sicht nicht altersspezifisch durchgeführten Bewegungen aus, sondern auch von der nicht kontrollierbaren Geschwindigkeit. In einer Lauflernhilfe kann das Kind bis zu 10 km schnell werden und in gefährliche Bereiche wie z. B. Treppenhäuser gelangen. Nach Aussagen von Experten erleiden pro Jahr rund 6.000 Kinder – vorwiegend zwischen sechs und zwölf Monaten – einen Unfall mit einer Lauflernhilfe.

„Messer, Gabel, Schere, Licht sind für kleine Kinder nicht."

Der richtige Umgang und ein genaues Aufklären über die kleinen Gefahrenquellen im Alltag sind oft der bessere Weg als ein striktes Verbot. Denn alles, was verboten ist, wird doch erst richtig spannend, oder?

Qualität erkennen.

Auf jedem Produkt, das wir kaufen, befinden sich verschiedene Siegel und Kennzeichnungen, die uns über seine Qualität und Sicherheit aufklären sollen. Doch wofür stehen die einzelnen Gütesiegel?

Die CE-Kennzeichnung (CE steht dabei für „Communauté Européenne", *franz.,* für „Europäische Gemeinschaft") ist gesetzlich vorgegeben. Wenn ein nicht europäischer Hersteller seine Produkte auf dem europäischen Markt vertreiben will, kommt er an der CE-Kennzeichnung nicht vorbei. Mit diesem Etikett versichert er, dass die Ware alle Sicherheits- und Gesundheitsanforderungen der EU erfüllt. Einziges Manko: Es kommt zu keiner Prüfung durch eine externe EU-Kontrolle. Ausgenommen davon sind Waren, die ein Gefahrenpotenzial mit sich bringen, wie z. B. Spielzeug oder Elektrogeräte.

Das GS-Zeichen (für geprüfte Sicherheit) wurde 1977 in Deutschland eingeführt. Es soll dem Verbraucher helfen, an einem Produkt zu erkennen, dass dieses durch unabhängig zugelassene Prüfinstitute wie z. B. den Technischen Überwachungsverein (TÜV) getestet wurde. Wenn es den Sicherheits- und Gesundheitsanforderungen der GPSG-Richtlinien genügt, bekommt es das GS-Zeichen und wird von diesem Zeitpunkt an regelmäßig kontrolliert. Für einen Hersteller ist das GS-Siegel allerdings nicht gesetzlich vorgeschrieben.

Der Verband der Elektrotechnischen Elektronik und Informationstechnik e.V. (VDE) hat ein staatlich begründetes VDE-Zeichen ins Leben gerufen, das die Sicherheit elektronisch betriebener Geräte zertifiziert. Der VDE orientiert sich bei der Prüfung der einzelnen Produkte an den europäischen und internationalen Richtlinien für technische Geräte. Da auch hier die Anwendung des Siegels für den Hersteller freiwillig ist, findet man auf dem deutschen Markt viele „unsichere" Produkte – besonders im preisgünstigen Bereich.

Das „Goldene M" wird von der Deutschen Gütegemeinschaft Möbel e.V. verliehen. Hochstühle, Wickeltische und Kinderbetten erhalten dieses Gütesiegel, wenn sie in puncto Stabilität, Haltbarkeit, Verarbeitung und Inhaltsstoffe überzeugen.

Der „Blaue Engel" ist ein Umweltzeichen für Produkte, die die vom Umweltbundesamt erarbeiteten Anforderungen erfüllen. Dieses Gütesiegel wird vom RAL Deutsches Institut für Gütesicherung und Kennzeichnung e.V. vergeben.

Das natureplus® - Qualitätszeichen ist ein internationales Gütesiegel, das für Nachhaltigkeit im Bereich der Wohn- und Bauprodukte steht. Im Focus der Prüfung steht die Gesundheit, die Umwelt und die Funktion des Produkts. Verbrauchern soll damit eine sichere Orientierung bei der Wahl von umweltverträglichen und gesundheitlich unbedenklichen Produkten gegeben werden.

Spielwert, Material, Haltbarkeit, Umweltverträglichkeit, Sicherheit, Altersangabe und Anleitung sind die festgelegten Kriterien, nach denen das orange „Spiel-Siegel" vom „Spiel-gut-Arbeitsausschuss Kinderspiel+ Spielzeug e.V." verliehen wird. Es ist weniger ein Sicherheitssiegel, als vielmehr eine Auszeichnung dieses unabhängigen Vereins.

Mit dem Umweltlabel werden Produkte ausgezeichnet, die im Vergleich zu anderen Produkten der gleichen Kategorie eine geringere Umweltbelastung haben. Berücksichtigt werden bei der Bewertung der Produkte alle Lebensphasen von der Herstellung, über die Verwendung bis hin zur Entsorgung.

Auch ein Blick in die Hefte der Stiftung Warentest kann sich lohnen. Von Zeit zu Zeit werden Produkte für Kinder darin genau unter die Lupe genommen. Schnuller, Kindermatratzen und Möbel werden auf Herz und Nieren geprüft. Örtliche Verbraucherzentralen verfügen zudem über ein Archiv der Testergebnisse, das jederzeit eingesehen werden kann.

Sicherheitsartikel.

Nachdem wir viele Gefahrenquellen in der Wohnung aufgedeckt haben und nun wissen, worauf wir bei Neuanschaffungen achten müssen, gehe ich jetzt auf Hilfsmittel ein, die unseren Alltag sicherer gestalten.

Absperrgitter und Durchgangssicherungen (a).

Absperrgitter und Durchgangssicherungen begrenzen besonders den Bewegungsraum von Kindern im Krabbel- und Lauflernalter auf den für sie sicheren Bereich. Sie bestehen aus mehreren Elementen und können so auch größere Bereiche abtrennen. Mithilfe von Klemmen und Bügeln können sie ohne großen Montageaufwand angebracht werden.

Folgende Wohnbereiche sollten möglichst damit gesichert werden:

- breite Stufen innerhalb der Wohnfläche
- die Umgebung eines Kamins
- kantige Heizkörper
- Büro- und Hausarbeitsecken, in denen elektrische Geräte stehen (siehe Treppenschutzgitter)

Backofentür-Sicherungen (b).

Mit einem hitzebeständigen Klebeband lassen sich Backofentür-Sicherungen auch im Nachhinein an allen gängigen Backöfen, aber auch an Mikrowellentüren anbringen. Ein eigenständiges Öffnen der Tür wird so verhindert und die Verbrennungsgefahr minimiert.

Bettgitter (c).

Wechselt das Kind von seinem Gitterbett in ein Juniorbett, kann ein Bettgitter in der Eingewöhnungszeit hilfreich sein. Es verhindert das seitliche Herausrollen des Kinds. Bettgitter lassen sich einfach unter der Matratze am Lattenrost fixieren.

Ecken- und Kantenschutz (d).

Spitze Ecken und scharfe Kanten können durch einen Zusatzschutz „entschärft" werden. Die zumeist aus Schaum- oder Kunststoff bestehenden Kappen werden einfach mit einem Klebestreifen auf die entsprechenden Stellen geklebt. Da sich das Klebeband nach einiger Zeit ablösen kann, sollten alle Kappen regelmäßig kontrolliert werden.

Damit sollten gesichert werden:

- Kleinmöbel, z. B. Kommoden
- Tische
- Fensterbänke

(a)

(b)

(d)

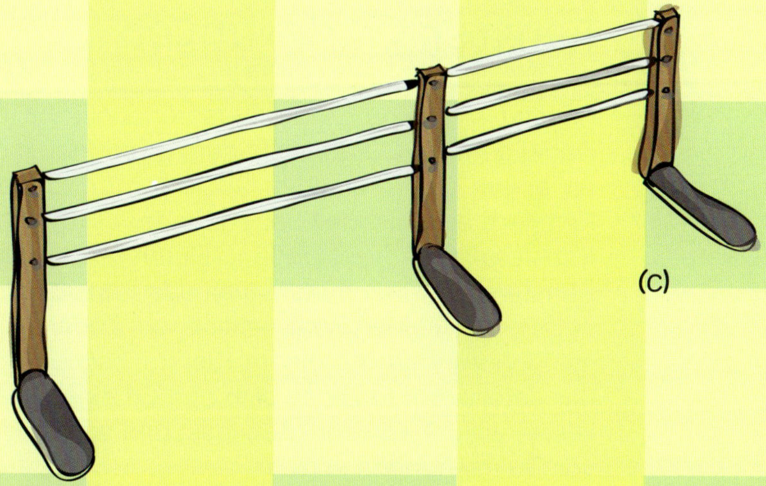

(c)

Fehlerstromschutz – FI-Schalter (a).

In Neubauten sind FI-Schalter schon lange Pflicht, denn sie können Leben retten. Eingebaut im Sicherungskasten sorgen sie bei einer Abweichung der elektrischen Spannung für das Herausspringen der Sicherung. Ein Kind, das gerade durch das Spielen in der Steckdose für diese Abweichung gesorgt hat, würde so keinen Stromschlag bekommen. In älteren Wohnungen können ganz einfach mobile FI-Schalter nachgerüstet werden.

Damit sollten gesichert werden:

- die Wohnung an zentraler Stelle
- einzelne Steckdosen, insbesondere in Kinderzimmer, Bad und Küche

Fenster-Sicherungen (b).

Fenster sind eine große Gefahrenquelle für Kinder. Dabei geht die Gefahr nicht nur von offenen, sondern ab einem gewissen Alter auch von geschlossenen Fenstern aus. Schnell haben Kinder die Technik des Fensteröffnens verstanden. Durch Anbringen von Fenstersicherungen lässt sich das Fenster aber nur noch einen kleinen Spalt weit öffnen. Zudem sind diese Sicherungen mit einem Klemmschutz versehen, der dafür sorgt, dass es sich nur auf eine bestimmte Weise wieder verschließen lässt und so Kinderfinger vor Quetschungen schützt.

Damit sollten gesichert werden:

- Fenster
- Balkontüren

Herdknopf-Sicherungen (c).

Die normalen Schalter am Herd sollten durch einen Sicherheitsherdknopf ersetzt werden. Damit wird ein spezieller Mechanismus notwendig, um den Herd wie gewohnt anzuschalten – eine einfache, aber sinnvolle Methode, die Kinder vor möglichen Verbrennungen schützt.

Alternativ dazu können auch Herdknopfabdeckungen montiert werden, die den gesamten Schaltbereich des Herds abschirmen.

Herdschutzgitter (d).

Um das Herabziehen von Pfannen oder Töpfen vom Herd zu verhindern, können Herdschutzgitter auf der Arbeitsfläche angebracht werden. Sie können während des Kochens nach hinten geklappt werden, um die Nutzung des Arbeitsbereichs im vollen Umfang zu ermöglichen.

Klemmschutz (e).

Ein Klemmschutz für Türen und Fenster ist in der Lauflernphase, in der sich Kinder oft auch an offen stehenden Türen hochziehen, besonders wichtig. Der Schutz verhindert, dass das Türblatt ins Schloss fällt, und somit mögliche Quetschungen. Die Montage ist absolut problemlos – der Klemmschutz lässt sich einfach auf die Tür stecken – und macht ihn zu einem unverzichtbaren Sicherheitsartikel.

(a)

(d)

(b)

(e)

(c)

Steckdosensicherungen (a).

Zur Standardausrüstung einer kindersicheren Wohnung gehören Steckdosensicherungen. Beim Kauf sollte man jedoch darauf achten, dass die Sicherungen eingeschraubt werden müssen. Klebesicherungen lassen sich leicht aus den Steckdosen hebeln und können so wiederum zur Gefahrenquelle werden. Zudem sollte die Steckdose mit zweipoligen Sicherungen (mittlerweile GS-Standard) versehen werden. So kann die Steckdose nur durch das Einschieben von beiden Steckerstiften und einer gleichmäßigen Bewegung entriegelt werden. Es empfiehlt sich, einen gründlichen Rundgang durch die Wohnung zu machen, um auch wirklich jede Steckdose zu sichern, ganz gleich in welcher entlegenen Ecke sie sich befindet. Zudem sollten regelmäßig alle Sicherungen kontrolliert werden.

Treppen- und Türschutzgitter (b).

Der Zugang zu Treppenbereichen oder auch einzelnen Räumen kann durch das Einspannen oder Verschrauben von Treppen- und Türschutzgittern versperrt werden. Da die Einspannsysteme keine feste Montage erfordern, können die Schutzgitter möglicherweise aus der Türfüllung herausrutschen. Vor Treppenauf- und -abgängen ist daher ein festes Gittersystem ratsam. Innerhalb der Wohnung ist die Mobilität der Spannsysteme aber von großem Vorteil. Räume in denen z. B. gerade gewischt wurde, können so kurzfristig „verschlossen” werden. Bei der Anbringung von Gittersystemen im Treppenbereich sollte darauf geachtet werden, dass die Türen von der Treppe weg zu öffnen sind.

Rauchmelder (c).

Schon längst Pflicht, aber noch lange kein Standard sind Rauchmelder. Ein lebenrettendes Signal ertönt im Brandfall und weckt so die Bewohner. Rauchmelder werden unter die Zimmerdecke geklebt und mit einer Batterie betrieben. Muss die Batterie ausgewechselt werden, meldet sich das System je nach Hersteller durch ein Signal oder ein blinkendes Lämpchen. Rauchmelder werden in Fluren, Wohn- und Kinderzimmern, aber nicht in der Küche und im Bad angebracht. Hier würden sie durch Rauchschwaden und Wasserdampf ständig ausgelöst.

Damit sollten gesichert werden:

- Flur oder Treppenhaus (Mindestschutz) an zentraler Stelle
- zusätzlich einzelne Etagen und Zimmer

Schrankschlösser (d).

Schränke sind für Kleinkinder besonders interessant. Sie wecken ihren Endeckerdrang und bringen Kinder dazu, an die unglaublichsten Orte zu krabbeln und zu klettern. Doch nicht jeder Inhalt ist auch etwas für Kinderhände. Besonders gefährliche Inhalte wie giftige Reiniger oder Medikamente sollten daher sicher vor Kindern in verschließbaren Schränken untergebracht werden. Nachträglich montierbare Schrankschlösser sind dabei besonders praktisch. Es gibt sie in den verschiedensten Ausführungen, z. B. für normale, Glas- oder Schiebeschränke.

Damit sollten gesichert werden:

- Schranktüren, insbesondere im unteren Bereich mit für Kinder gefährlichem Inhalt (Scheren, Messer, Reinigungsmittel, Medikamente etc.)

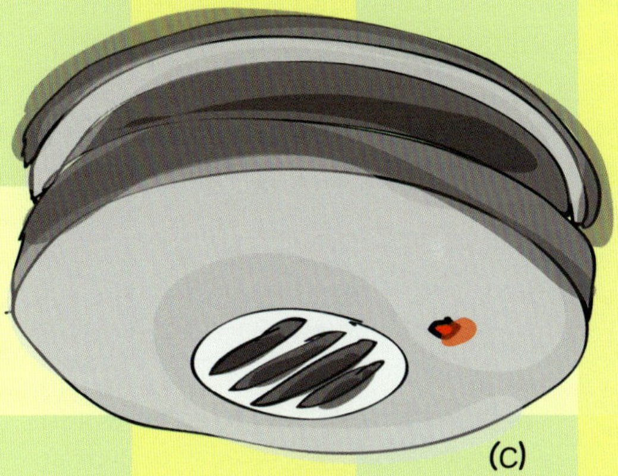

(c)

(d)

(b)

(a)

Sicherheitscheck.

Besonders Kinder im Alter von ein bis drei Jahren sind aufgrund ihrer Entwicklung gefährdet. Kinder in dieser Altersspanne erkunden ihre Umwelt durch Tasten, Schmecken und In-den-Mund-Nehmen. Erst mit drei bis vier Jahren sind sie in der Lage, Lebensmittel von anderen Stoffen zu unterscheiden.

Reinigungsmittel: Häufigste Vergiftungsursache. Auf möglichst viele harte Putzmittel verzichten Chlorreiniger niemals mit Essig oder WC-Reinigern vermischen – dabei kann Chlorgas entstehen. Microfasertücher machen Reinigungsmittel bzw Haushaltschemikalien überflüssig. Für weitere Tipps, siehe das Reinigungs- und Pflege-Abc im Anhang.

Medikamente: Zweithäufigste Vergiftungsursache. Immer außer Reichweite von Kindern aufbewahren. Medikamente müssen an einem trockenen, temperaturstabilen Ort aufbewahrt werden (nicht in der Küche oder im Bad). Tipp: in einem festen Karton im oberen Teil des elterlichen Kleiderschranks.

Pflanzen: Dritthäufigste Vergiftungsursache. Zu den besonders giftigen Zimmerpflanzen zählen:

- Engelstrompete
- Blauer Eisenhut
- Dieffenbachie
- Ritterstern, Amaryllis
- Japanisches Pfaffenhütchen
- Kolbenfaden
- Hakenlilie

Rauchen: Tabakrauch enthält rund 4.000 verschiedene chemische Substanzen, 40 davon sind krebserregend.

Beleuchtung: Energiesparlampen enthalten ca. 3,5-5 mg Quecksilber.

Fieberthermometer: analoge Fieberthermometer enthalten ca. 1 mg Quecksilber.

Kinderspielzeug: Plastikspielzeug für Kinder sollte stets aus Polyethylen oder Polypropylen hergestellt sein (PE oder PP). Spielzeug aus PVC enthält bedenkliche Weichmacher, die gesundheitsschädlich sein können. Bei importiertem Billigspielzeug werden gültige Vorschriften oft nicht eingehalten.

Gartenfackeln: Das dafür benötigte Lampenöl bzw. Petroleum ist tödlich. Bereits kleinste Mengen davon lassen die Lunge in sich zusammenfallen, jede Hilfe kommt dann meist zu spät.

Das Handwerkerfingerspiel.

Heute bauen wir ein Regal:

Das ist die Säge,
die sägt das Holz.

Tippe an deinen Daumen.

Das ist die Bohrmaschine,
die bohrt die Löcher.

Tippe an deinen Zeigefinger.

Das ist der Leim,
der klebt die Ecken.

Tippe an deinen Mittelfinger.

Das ist das Schleifpapier,
das schleift die Kanten.

Tippe an deinen Ringfinger.

Das sind die Schrauben,
die haben wir vergessen.

Tippe an deinen kleinen Finger und
lass dich fallen.

Denn ohne Schrauben fällt
das Regal zusammen.

Hello Kitty

Einrichten.

Behaglichkeit, Wohlbefinden, Gemütlichkeit und Geborgenheit: Sie bilden den Leitfaden für die Gestaltung des Kinderzimmers. Durch das Zusammenspiel von ausgewähltem Motto, Farbgestaltung und Dekoration entsteht eine eigene kleine Welt, die sich deutlich von der Welt der Erwachsenen absetzt. Die besonderen Interessen des Kinds werden aufgegriffen und bestärkt und das Kind erhält dabei die Möglichkeit, seiner Persönlichkeit und Kreativität Ausdruck zu verleihen. Durch die Rücksichtnahme auf seine Wünsche und das gemeinsame Umgestalten seines Zimmers wird sich das Kind als besonders wichtiger Teil der „Baustelle Kinderzimmer“ verstehen.

Das Kinderzimmer lässt sich in die vier wichtigsten Lebensbereiche eines Kinds unterteilen: in den emotionalen, den sozialen, den geistigen und den körperlichen Bereich. Viele Lernprozesse und Gedankengänge wird das Kind in seinem Zimmer mit der Zeit immer selbstständiger durchleben und bewältigen müssen. Jeder dieser Bereiche bringt ganz unterschiedliche Aufgaben und somit auch Anforderungen mit sich.

Doch bevor es losgeht, hier noch drei goldene Regeln für die Neugestaltung:

Mit ein paar Handgriffen kann man „Ordnung" in dem oft überladenen Spielbereich der Jüngsten schaffen. Besonders bei Renovierungsarbeiten lohnt es sich, einen kritischen Blick in die Ecken des Raums zu werfen, um frischen Wind in das neue Kinderzimmer zu bringen.

1. Defekte Gegenstände wie kaputtes Spielzeug oder zerrissene Poster sollten entsorgt werden.

Ziel: Gefahrenquellen reduzieren; das Kinderzimmer wirkt sicher und hochwertig.

2. Altes, für das Kind nicht mehr interessantes Spielzeug kann auf den Dachboden oder in den Keller ausgelagert werden. Alternativ kann es auch auf Flohmärkten in bare Münze umgewandelt werden.

Ziel: Regale und Schränke werden übersichtlich und ordentlich.

3. Alle Gegenstände werden durch das Anbringen an einer Wand oder das Aufstellen in einem Raum in eine Beziehung zueinander gebracht und sollten daher stets aufeinander ausgerichtet werden oder „fluchten".

Ziel: Es entsteht ein ruhiges, harmonisches Gesamtbild im Kinderzimmer.

geistig
sozial
körperlich
emotional

Gegenstände wie etwa Möbel, Regale oder Bilderrahmen, die „fluchten“, wirken, als seien sie an einer unsichtbaren Linie oder Schnur aufgereiht:

Der Nachttisch und das Bettgestell haben dieselbe Höhe.

Die Bettpfosten bilden den Abschluss für den farblich abgesetzten Teil der Wand.

Die Teppichkante schließt mit dem Nachttisch ab.

Viele dieser Fluchtpunkte oder -linien setzen wir ganz unbewusst, da wir die Ruhe, die von ihnen ausgeht, als sehr angenehm empfinden. Ganz bewusst eingesetzt, können wir dem Kinderzimmer mit ihnen eine erkennbare Struktur verleihen. So wirkt es aufgeräumt und nicht zugestellt.

dream

Die Kuschelecke – der emotionale Bereich.

Einschlafen, aufwachen, dösen und träumen. Ich kann mich fallen lassen und fühle mich geborgen.

Die Kuschelecke ist eine sehr sensible Ecke. Jeden Abend verwandelt sie sich in einen fantasievollen Ort für „Gute-Nacht-Rituale” wie Märchen vorlesen oder Abenteuergeschichten erzählen und in einen Ort, an dem sich Kind und Eltern austauschen und einander anvertrauen können. Hier kommt das Kind langsam zur Ruhe und lässt den Tag Revue passieren. In diesem Teil des Zimmers entstehen in der Nacht die meisten Sorgen und Ängste, aber auch Wünsche und Träume. Das Bett bildet eine Art Rückzugsort, das auch am Tag zum Kassettenhören oder Bücherlesen genutzt wird.

Blumenteppich.

Aus bunten Stoffresten und einem grünen Teppich kannst du im Handumdrehen eine farbenfrohe Blumenwiese basteln. Dazu zeichnest du Blumen in unterschiedlichen Größen auf die Stoffreste, schneidest sie aus und bestreichst die Schnittkanten mit Klebstoff. Das verhindert ihr ausfransen. Sobald du die Blütenblätter farblich arrangiert hast, kannst du sie auf dem Teppich festnähen.

Patchwork „Flickwerk".

Mit dieser Art der Textilgestaltung lassen sich ganz zauberhafte Einzelstücke herstellen. Der Aufwand ist minimal und der Lohn jede Menge Freude. Ganz gleich, ob Decken, Kissen oder Gardinen – mit Patchwork bekommt alles einen einheitlichen Look. Selbst kleinste Stoffreste peppen langweilige Kissen auf und können ihnen einen kindlichen Charme verleihen.

Doch wie stelle ich ein Patchwork her?

Schneide dir eine Vorlage aus Pappe zurecht und übertrage die Umrisse auf deine Stoffe. Diese Umrisse werden dir später beim Vernähen als Hilfslinie dienen. Schneide den Stoff mit ca. 1 cm Abstand zur Hilfslinie aus. Ordne die Stoffe ganz nach deinen Vorstellungen an. Nun werden die Stoffstücke zusammengenäht. Lege sie dazu jeweils rechts auf rechts aufeinander. So verhinderst du, dass du die verkehrten Seiten zusammennähst.

Stempelbettwäsche.

„Guten Abend, gute Nacht, mit Rosen bedacht". Die ersten Zeilen des Wiegenlieds von dem berühmten Komponisten Johannes Brahms peppen mithilfe eines Stempelsets und waschfester Tinte jede noch so langweilige Bettwäsche auf und verleihen ihr eine ganz persönliche Note.

Im Handumdrehen entsteht ein liebevolles, trautes Nest, in dem sich jedes Kind willkommen fühlt.

emotional
ABEND GUTE NACH
ROSEN BEDACHT

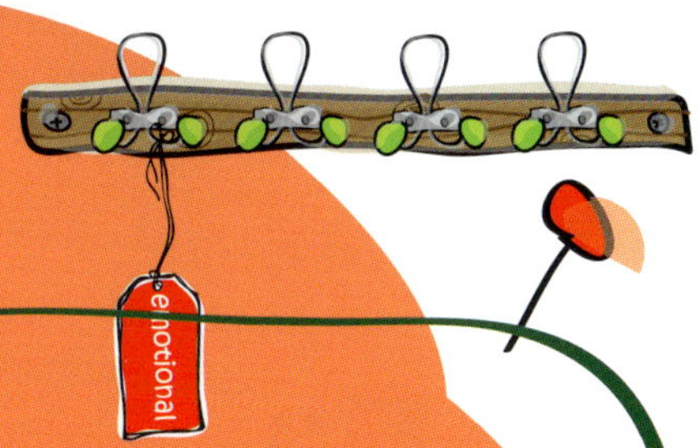

Betthimmel.

Für diesen märchenhaften Betthimmel brauchst du eine lichtdurchlässige Gardine, einen Handtuchhalter in Breite des Betts, eine Holzstange ebenfalls in der Breite des Betts, zwei Haken für die Befestigung an der Decke und zwei Nylonbänder.

Zuerst wird der Handtuchhalter auf der gewünschten Höhe am Kopfende des Betts angebracht. Parallel dazu bohrst du zwei Löcher in die Decke, von der die Holzstange mithilfe von Nylonbändern abgehängt wird. Achte dabei darauf, dass sich die Bohrlöcher exakt über dem Fußende des Betts befinden. Zum Schluss kann die Gardine einfach eingehängt und mit einer zauberhaften Blumenlichterkette dekoriert werden.

Blumenlichter.

Wenn du von dem bunten Blumenteppich auf Seite 70 noch ein paar Blumen übrig hast, kannst du aus ihnen eine Blumenlichterkette basteln. Dazu die ausgeschnittenen Blumen in der Mitte einritzen und auf die Lichter stecken – fertig.

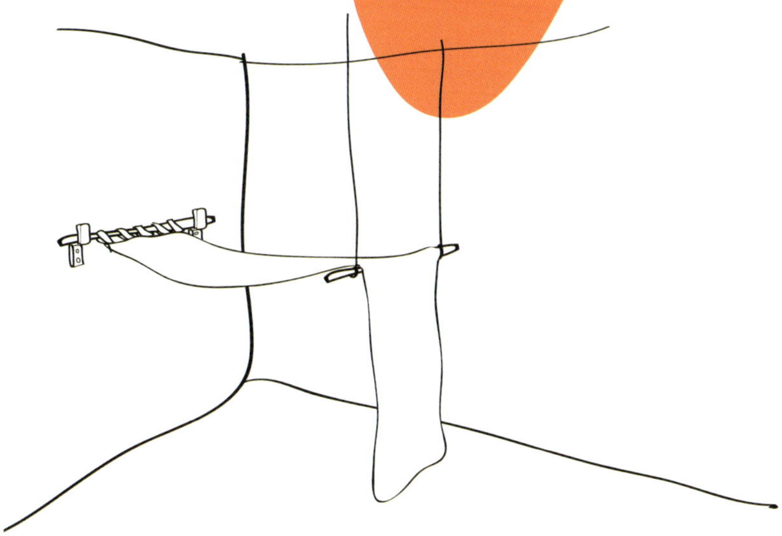

Betreten der
Baustelle nur
für Kinder!

In der Kuschelecke verbringen Kinder einen Großteil ihrer Zeit!

Säuglinge schlafen ca. 16 - 20 Stunden, aber auch Schulkindaer brauchen 10 - 12 Stunden gesunden Schlaf, um die Eindrücke des vergangenen Tages verarbeiten zu können.

Eine besonders heimelige, beschützende Atmosphäre kann durch das Anbringen eines Betthimmels geschaffen werden. Dieser grenzt den Raum um das Kind herum ein und macht ihn so greif- und begreifbar. Es entsteht eine kleine Höhle, in der das Kind Schutz und Ruhe finden kann.

Das Umsetzen abstrakter Themen in ein Motto fürs Kinderzimmer wie z.B. „Meine Baustelle" gestaltet sich am einfachsten, wenn man sich im Vorfeld zusammen mit dem Kind genau informiert. Durch den gemeinsamen Besuch einer Baustelle in der Nachbarschaft oder das Lesen eines Buchs darüber lassen sich viele Informationen sammeln, die später bei der Gestaltung des Kinderzimmers umgesetzt werden können. Tom (vier Jahre alt) fielen bei den Baustellen in seiner Stadt immer die hohen Bauzäune, die zahlreichen Schilder und das Werkzeug der Bauarbeiter auf.

Es ist besonders wichtig, die Kinderzimmergestaltung aus der Sicht des Kinds zu sehen. Wir Erwachsenen würden z. B. einen Bauzaun mit exakten Lattenmaßen aufzeichnen und dafür sorgen, dass sie genau im Lot sind. Ein Kind dagegen löst sich in seiner Vorstellung von dem realen Bauzaun. Es malt ihn so, wie es ihn schön findet. „Bunt und vor allem hoch", nach Toms Aussagen. Diese kindliche Sicht sollten wir mit in die Gestaltung aufnehmen, denn auf diese Weise erhält das Kinderzimmer seinen ganz eigenen Charme.

Ein echter Bretterzaun ist schnell gebaut und bietet Platz für alle unverzichtbaren Handwerkerutensilien.

Säge dazu Latten in verschiedenen Längen zu und schraube sie auf die Rückseite einer Trägerlatte.

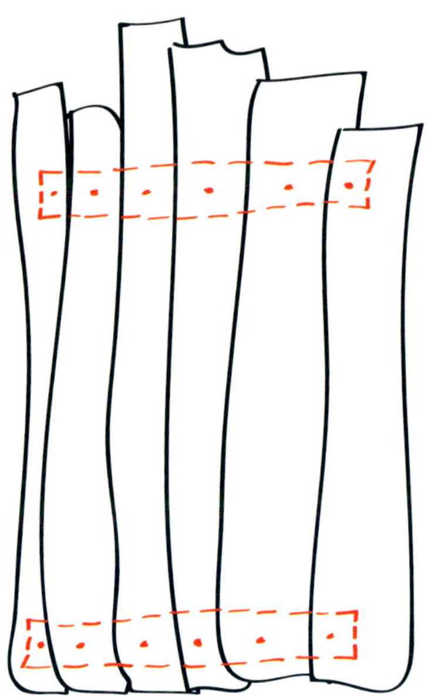

Kleine Details mit großer Wirkung.

Bauschilder und Plakate mit Veranstaltungshinweisen verpassen dem Bauzaun den letzten Schliff.

Geisterglöckchen.

Aus Stoffresten, buntem Filz, Bändern und Glöckchen lässt sich ein todsicheres Geister- und Monsterabwehrsystem basteln. Die Idee, die hinter den bunten Zauberglöckchen steckt, ist ganz einfach: Jeden Abend vor dem Schlafengehen klingelt das Kind in alle dunklen Ecken des Kinderzimmers und verjagt damit alle Geister und Monster. Es wird beim Durchsuchen des Zimmers feststellen, dass nichts Unheimliches in den Ecken zu finden ist und spätestens nach dem Klingeln des Glöckchens mit Sicherheit verschwunden ist. Denn wie jeder weiß, haben Geister und Monster ganz empfindliche Ohren, bekommen bei zu lauten Geräuschen fürchterliche Ohrenschmerzen und machen sich blitzschnell aus dem Staub.
Bei der Gestaltung eigener Geisterglöckchen sind den Kindern keine Grenzen gesetzt. Filzstoffe, Schleifenbänder, Stoffe und Glöckchen wecken in jedem kleinen Geisterjäger die Fantasie.

Nachtlichter und Sternenhimmel.

Viele Kinder können ohne Nachtlicht nicht einschlafen. Zudem brauchen sie die Lichtquelle zur Orientierung im dunklen Raum. Damit nicht die ganze Nacht eine Lampe brennt, leistet im Kinderzimmer ein Nachtlicht mit Bewegungsmelder gute Dienste. Diese Bewegungsmelder für die Steckdose können auch im Flur den Weg zum Badezimmer sichern. Zur Orientierung können hier zusätzlich Sterne angebracht werden, die im Dunkeln leuchten. Ihre gezielte Platzierung, z. B. direkt auf dem Lichtschalter, hilft dem Kind, wenn es nachts das „große Licht“ anmachen will.

Eine Lampe – viele Möglichkeiten.

Eine triste weiße Lampe bietet viele Möglichkeiten zur Umgestaltung. Einfach ideal für farbenfrohe Ideen.

Sie gemeinsam zu verwandeln, ist nicht nur günstiger als die Anschaffung einer Standardkinderlampe, sondern macht auch noch riesig Spaß an einem verregneten Nachmittag.

Kannst du meine Punkte zählen?

Bei dieser lustigen Marienkäferlampe wird mit Plakafarbe der Fingerabdruck des Kinds mehrfach auf den Lampenschirm gesetzt. Nach dem Trocknen der Farbe kannst du Beinchen, Fühler und Punkte mit einem schwarzen Filzstift aufmalen.

Buntes Klebeband.

Mit buntem Klebeband wird aus einem langweiligen Lampenfuß ratzfatz ein echtes Kunstwerk. Einfach das Klebeband zuschneiden und aufkleben. Schon die Kleinsten können ihrer Fantasie hier freien Lauf lassen.

Alle meine Knöpfe ...

Deine Lieblingsknopfsammlung wird auf einem weißen Lampenschirm ins rechte Licht gerückt.

Mit einer Heißklebepistole werden Knöpfe in verschiedenen Farben und Größen aufeinandergeklebt und auf dem Schirm befestigt. Eine echte Kostbarkeit. Natürlich kannst du auch die Muscheln aus dem letzten Urlaub oder kleine Glückssteinchen daraufsetzen.

Schneekugeln.

Ein zauberhaftes Kinderzimmeraccessoire und ein toller Basteltipp für Regentage sind Schneekugeln. Alles, was man dafür braucht, ist in jedem Haushalt meist schon vorhanden: ein leeres Schraubglas, eine Spielfigur, Klebstoff (nicht wasserlöslich), destilliertes Wasser, Spülmittel und Glitter.

Klebe die Spielfigur auf die Innenseite des Deckels. Achte aber darauf, dass sie durch die Öffnung des Glases passt. Fülle es dann mit destilliertem Wasser und einem Tropfen Spülmittel, damit die Glitterteilchen später besonders schön „rieseln“. Gib nun Glitter ins Wasser und schraub den Deckel fest zu. Dichte den Rand mit etwas Klebstoff ab.

Die Lernecke – der geistige Bereich.

Sich konzentrieren, üben, ausprobieren.
In meinem eigenen Tempo kann ich alles lernen.

Kinder lernen am besten, wenn sie es freiwillig tun. Damit bestätigt eine Bildungsstudie der OECD, was wir aus unserer eigenen Schulzeit noch bestens vor Augen haben, denn das Selbstvertrauen, das uns in unseren Lieblingsfächern angespornt hat, bildet die Grundlage für erfolgreiches Lernen. Das Vertrauen, etwas erreichen zu können, motiviert Kinder, sich besonders anzustrengen. Hier sind also die Eltern gefragt: positives Bestärken ist auf diesem Weg besonders wichtig.

Lernen ist anders als noch vor Jahren keine Ruheübung mehr, bei der die Kinder an ihrem Platz sitzen mussten und nur aufstehen durften, um sich die Trinkflasche zu holen. Neuste Untersuchungen haben gezeigt, dass besonders Bewegung die Konzentrationsfähigkeit erhöht. Durch die angeregte Durchblutung wird das Gehirn besser mit Sauerstoff versorgt und so leistungsstärker. Also, einfach mal Vokabeln beim Hula-Hoop abfragen – wer schafft mehr Vokabeln, solange der Reifen um die Hüfte kreist?

Schreibtischunterlage.

Auf einem bunten Papierbogen können schwierige Vokabeln oder komplizierte Rechenwege notiert werden und so als Hilfestellung dienen. Schlage die Schreibtischunterlage zum Schutz mit selbstklebender Buchfolie ein.

Wichtige Notizen.

Alle wichtigen Notizen bekommen nun einen festen Platz im Kinderzimmer. Direkt über dem Schreibtisch sorgen bunt bemalte Wäscheklammern für Ordnung. Diese werden einfach mit Klettpads an der Wand angebracht und lassen sich jederzeit wieder abnehmen.

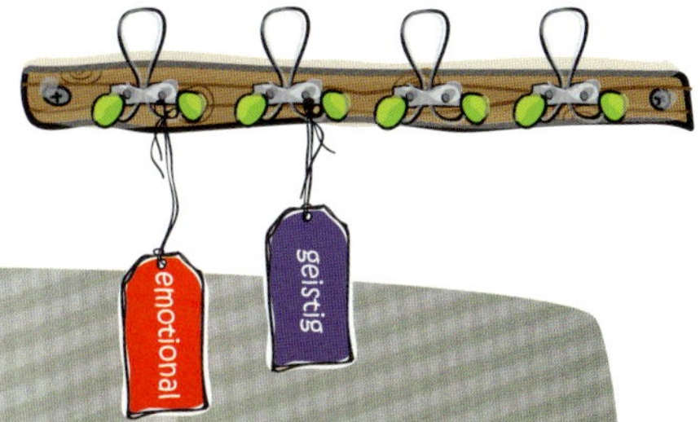

Alter Schreibtisch im neuen Gewand.

Abgenutzte Schreibtischoberflächen lassen wir blitzschnell verschwinden und verpassen dem alten Tisch gleich noch einen neuen, zum Kinderzimmer passenden Look. Wichtig ist dabei, in einem ersten Schritt die alte Oberfläche des Schreibtischs abzuschleifen. Alle Unebenheiten müssen verschwinden, damit sie sich später nicht durch die neue Oberfläche durchdrücken.

Ist die Platte dann wieder glatt und von Staub befreit, wird sie mit Sprühkleber benetzt. Dabei solltest du aber darauf achten, dass der Fußboden abgedeckt ist, da der feine Sprühnebel sich auf allen umliegenden Flächen absetzt. Nun wird eine Lage Geschenkpapier deiner Wahl auf die Schreibtischfläche gelegt, ausgerichtet und fest angedrückt. Alle überstehenden Papierecken vorsichtig mit einem Cutter entfernen. Damit du noch lange Freude an deinem neuen Schreibtisch hast, muss die Oberfläche mit einer Schicht Klarlack fixiert werden. Am gleichmäßigsten trägst du diesen mit einer Schaumstoffrolle auf (siehe dazu Seite 138).

Fliegende Vorratsdosen.

Jede Menge Platz für Perlen, Wolle oder Bastelutensilien haben leere Glasverpackungen mit Drehverschluss zu bieten. Ein besonderer Hingucker sind dabei die „fliegenden“ Vorratsdosen, deren Deckel einfach unter ein Regal oder die Schreibtischplatte geklebt werden. Mit einem Dreh lassen sich die „Dosen“ von den Deckeln lösen und befüllen.

Magnetwände.

Die Magnetwände bestehen aus einer MDF-Platte, die mit einem magnetischen Anstrich versehen wurde. Durch das mehrfache Auftragen dieses Anstrichs wird die magnetische Haftung der Platte verstärkt. Nach dem Trocknen wird sie zusätzlich mit einer Wandfarbe in dem Farbton angestrichen, den die fertige Magnetwand haben soll. Ein weiterer Clou ist die Befestigung der Magnetwand. Statt mit Bohrer, Schrauben und Dübeln anzurücken, kann man hier auch eine völlig staubfreie Alternative wählen: „Kleben statt Bohren", ein neues Klebeprodukt, das bereits von mehreren Unternehmen auf den Markt gebracht wurde. Mithilfe dieses Alleskönners kann die MDF-Platte mit ein paar kleinen Klecksen oder Pads in jeder Ecke sowie zwei in der Mitte einfach an der Wand befestigt werden. Eine Zierleiste als Übergang der Platte zur Wand lässt sich auf diese Weise ebenso sauber anbringen.

Die Kinder können die Wand eigenständig mit ihren Bildern, Aufklebern oder Postern bestücken. Dank dieser Alternative werden sie das Verbot, Möbel oder Wände zu bekleben, sicherlich eher akzeptieren. Die Magnetwand lässt sich nach den eigenen Vorstellungen immer wieder neu bekleben und umdekorieren.

Beim Anstreichen oder Anmalen von Holzwerkstoffen solltest du immer darauf achten, dass auch die Rückseite einen Anstrich bekommt. Damit kannst du verhindern, dass sich die Platte verzieht. Dazu genügt schon ein dünner Anstrich mit einer günstigen Wandfarbe.

Bunte Regale.

Triste Regale kannst du mit Geschenkpapier und Tapetenresten in echte Unikate verwandeln. Dabei solltest du aber auf die Wahl des richtigen Klebers achten. Dünne Materialien wie Geschenkpapier fixierst du am besten mit Sprühkleber, dicke Papiere wie etwa Tapeten müssen jedoch eingekleistert werden. Sind die Regale beklebt, müssen sie zunächst vollkommen austrocknen, besonders wenn du darauf Tapeten angebracht hast, bevor du sie mit Klarlack fixierst und dekorierst. Es kann passieren, dass sich durch den Klarlack Blasen unter dem Geschenkpapier bilden. Keine Sorge – beim Austrocknen des Papiers verschwinden diese wieder wie von Zauberhand.

emotional
geistig
sozial
Astrid Lindgren
Mehr von uns Kindern aus Bullerbü
Oetinger

Wie Findus zu Pettersson kam
Astrid Lindgren
Madita
Oetinger

Die Spielecke – der soziale Bereich.

Toben, bauen, sich streiten und dann wieder versöhnen.

Den größten Teil des Kinderzimmers nimmt der Bereich des sozialen Austauschs ein. Dort gibt es jede Menge Platz, um neue Freundschaften zu schließen und zu vertiefen. Hier ereignen sich die Momente, an die man sich noch Jahre später gerne erinnert. Und da ist jede Menge Platz, um zu lernen, einen Streit selbstständig zu schlichten und Kompromisse einzugehen. Die Spielecke ist aber auch der Ort, an dem du alleine spielst, neue Beschäftigungen entdeckst und zu deinem Hobby machst.

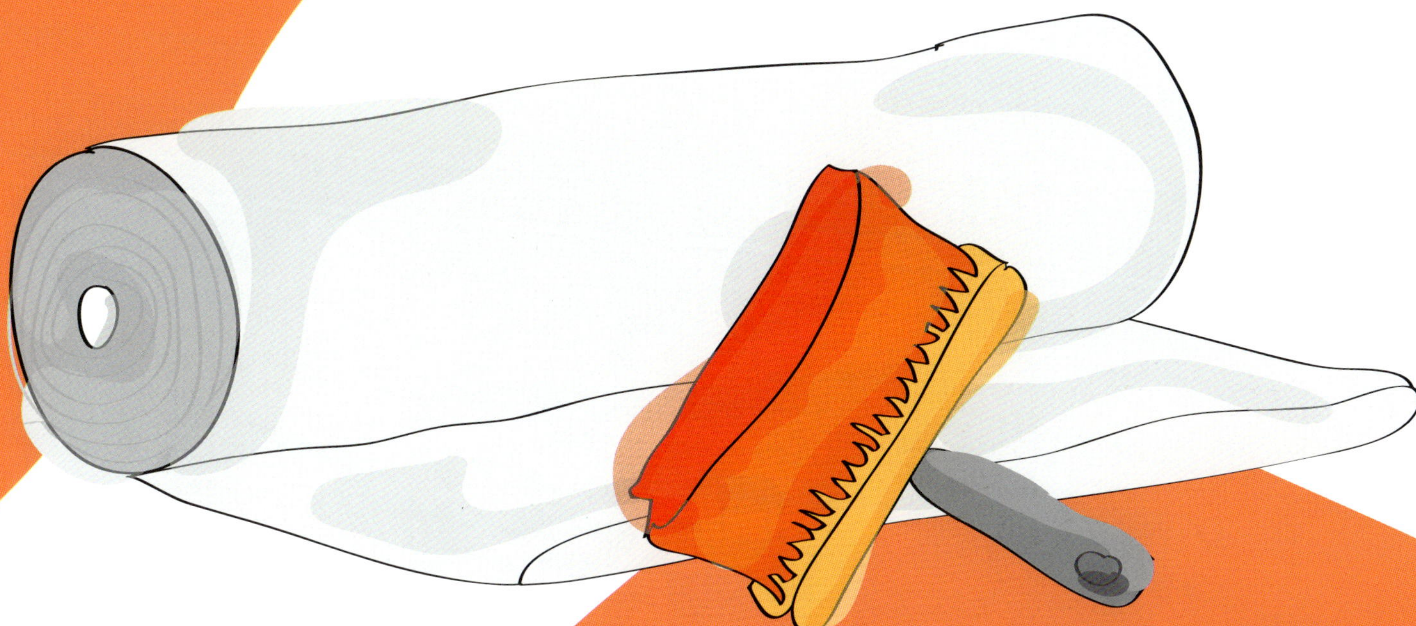

Astrid Lindgren Madita
LOVE
RSA

Wimpelkette.

Aus Papier und Tapetenresten lässt sich eine tolle Wimpelkette zum Dekorieren basteln. Schneide dazu die benötigte Anzahl von gleich großen Quadraten mithilfe einer Vorlage zurecht, falte sie einmal diagonal, lege die um ein Band und klebe die Dreiecke fest.

Shabby Chic.

„Shabby Chic", so nennt man den neusten Schrei aus Skandinavien: Möbel mit deutlichen Gebrauchsspuren und dem Charme vergangener Zeiten. Bestimmt findest du in deinem Keller, auf dem Dachboden oder bei Oma und Opa noch kleine Schätze. Eine Generalüberholung des Möbelstücks ist allerdings oft nötig, um kleine Gefahrenquellen auszuschalten.

Zuerst solltest du also das gute Stück auf herausragende Nägel, Schrauben und Splitter hin untersuchen. Sind diese Gefahrenquellen beseitigt, ist oft nur noch ein neuer Anstrich vonnöten, um dem eingestaubten Regal aus dem Keller neuen Glanz zu verleihen. Ein gründlicher Schleifgang ist hier das A und O, damit die neue Farbschicht optimal hält. Auch auf Flohmärkten lassen sich Möbel aus längst vergessenen Zeiten finden, die im Mix mit Neuem das Kinderzimmer aufwerten.

Stiftkasten.

Aus Graupappe und Holzleim lassen sich sehr stabile Kästen für Stifte, Scheren und Lineale basteln. Graupappe gibt es in verschiedenen Stärken. Sie kann nur mit einem Cutter geschnitten werden. Maximale Stabilität wird erreicht, wenn die Außenwände des Kastens aufgedoppelt, also jeweils zweimal zugeschnitten und flächig miteinander verklebt werden, bevor du sie einsetzt. Berücksichtige beim Zuschnitt der Seiten stets die Materialstärke der Graupappe.

Zum Beispiel:
Deine Graupappe ist 2 mm stark, da wir jede Seite doppeln, kommst du auf eine Materialstärke von 4 mm. Für eine Kiste mit den Maßen 300 mm x 200 mm benötigst du also beim Zuschneiden eine Grundfläche (an die die Seiten jeweils seitlich angeklebt werden) von 292 mm x 192 mm.

Für die lange Seite benötigst du ein 300 mm langes Graukartonstück in der gewünschten Höhe.

Beim Zuschnitt der kurzen Seite wird wieder die Materialstärke berücksichtigt. Hier ergeben sich folglich die Maße 192 mm x der gewünschten Höhe.

Die Maße für die Trennwände der Innenfächer ergeben sich dann einfach aus der Größe der fertig gebauten Kiste.

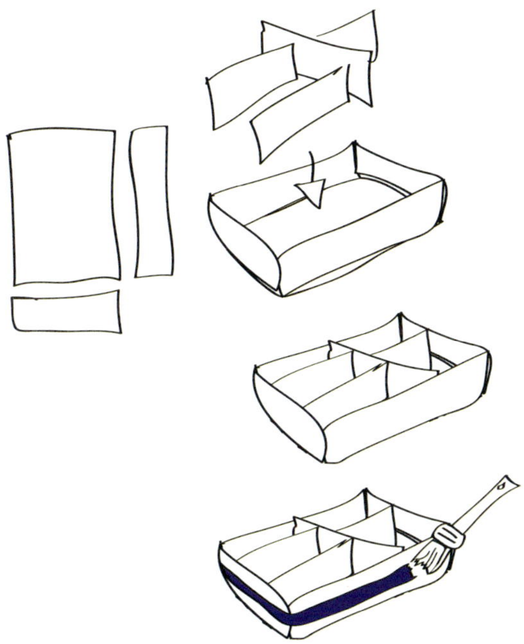

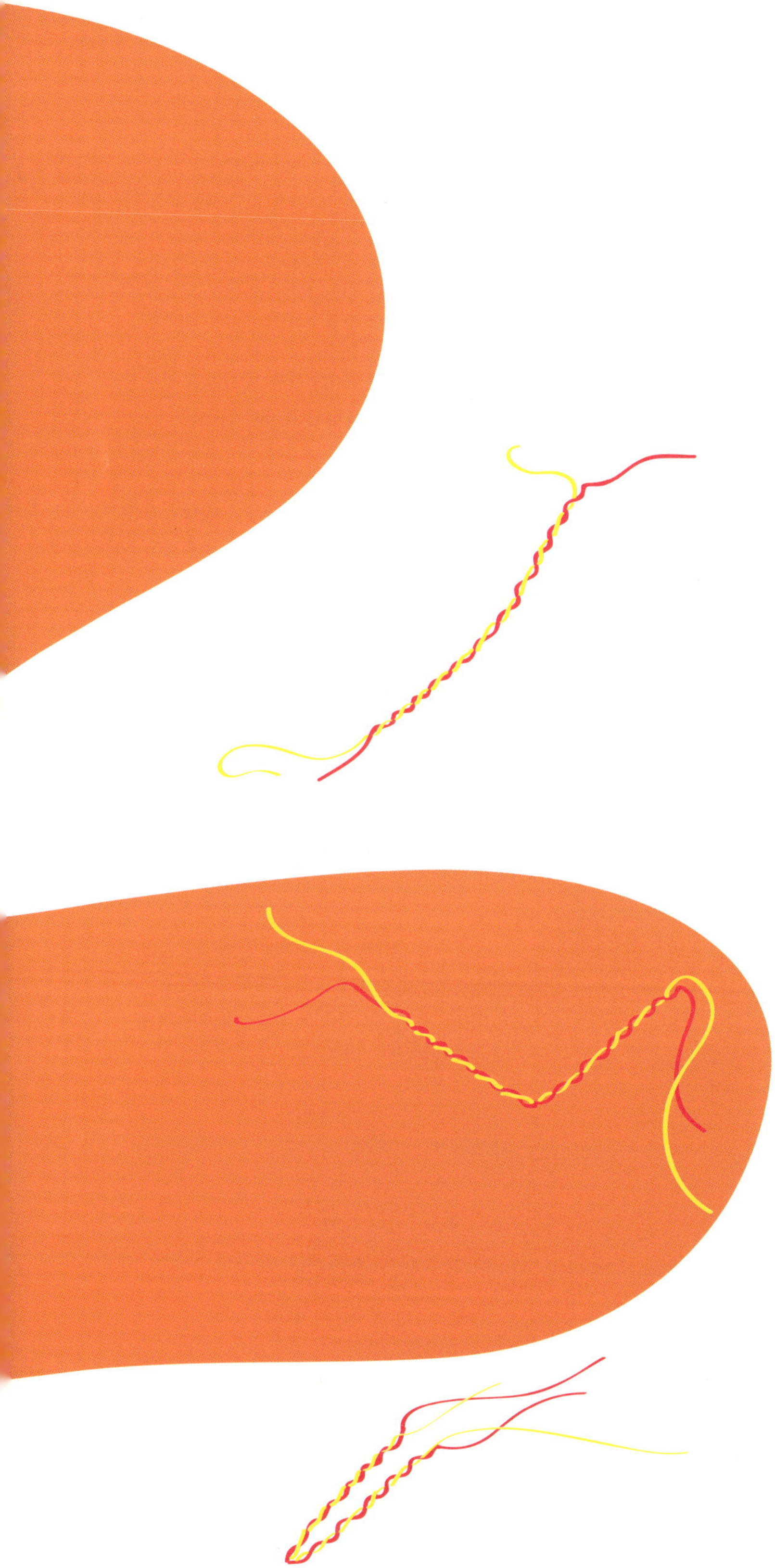

Kordeln.

Kordeln kannst du im Handumdrehen aus verschiedenen bunten Fäden selber herstellen. Wickele dazu ein langes Stück Faden ab. Bedenke dabei, dass die fertige Kordel nur halb so lang wird wie der abgewickelte Faden.

Binde die Fäden am besten zusammen an einem Gegenstand fest (z. B. an einen Bleistift) und dreh sie in eine Richtung ein.

Haben sich die Fäden fest miteinander verschlungen, legst du sie einmal in der Mitte zusammen.

Halte nun die beiden Anfänge und Enden fest zusammen und streife die aufgekräuselte Kordel mit der freien Hand vorsichtig aus. Damit sie nicht aufribbelt, wird sie zum Schluss mit einem Knoten gesichert.

Bilderrahmen.

Fotos, Bilder und Gebasteltes werden durch einen Rahmen ins rechte Licht gerückt. Eingerahmt wird der besondere Moment eines Fotos oder die Arbeit des Kinds. Ihm wird damit signalisiert, dass es etwas besonders gut gemacht hat und dass es selbst und auch sein kleines Kunstwerk wertgeschätzt wird.

Bilderrahmen lassen sich auf so manche Weise verschönern. Du kannst sie mit Stoff beziehen, anmalen oder mit Salzteigkugeln bekleben. Wenn du keine alten Bilderrahmen in zur Hand hast, kannst du stattdessen einfach CD-Hüllen von außen prächtig bekleben und immer wieder neu bestücken.

Stoffbilderrahmen.

Wattiert und aufgepolstert kommen alte Bilderrahmen zu neuem Glanz. Auf Nachttischen, Kommoden oder Fensterbänken verschönern sie jede Kinderzimmerecke und erinnern die kleinen Bewohner an tolle Momente mit der Familie oder unter Freunden. Doch es muss nicht immer ein Foto in dem Rahmen Platz finden. Halte doch am Ende eines langen Tages zusammen mit deinen Kindern die schönen Erlebnisse in einem bunten Bild fest. Gemeinsam könnt ihr so den Tag Revue passieren lassen und einen schönen Abschluss finden.

Zum Aufpolstern benötigst du Füllwatte, ein Stück Stoff, Klebeband und ein paar Reißzwecken.

1. Klebe zunächst die Füllwatte auf die Vorderseite des Bilderrahmens.

2. Lege die beklebte Seite anschließend auf die linke Stoffseite und klebe den Stoff rundherum auf der Rückseite des Bilderrahmens fest.

3. Schneide nun den Stoff ein.

4. Schlage ihn um den Rahmen herum und steck ihn mit Reißzwecken an der Rückseite fest. Achte dabei darauf, dass sich die Halterungen für das Glas noch umbiegen lassen – schneide sie gegebenenfalls frei.

Spielen lässt sich in zwei Kategorien unterteilen. Man unterscheidet dabei zwischen der aktiven und passiven Beschäftigung eines Kindes. Während sich Kinder vor dem Fernseher passiv berieseln lassen, sammeln sie im aktiven Spiel wichtige, unverzichtbare Erfahrungen. Hier können sie Beziehungen zu anderen aufbauen und festigen. Während sie basteln, mit Puppen oder Autos spielen, lesen oder Höhlen bauen, schärfen sie ihre Sinne und erweitern ihren Wortschatz. „Du bist die Mama, da unter dem Schreibtisch ist unser Haus und die Stifte sind unser Abendessen.“ Kinder entwickeln eine unglaubliche Fähigkeit, ihre ersten Erfahrungen in ihrer Fantasie zu kombinieren, um Neues daraus zu lernen.

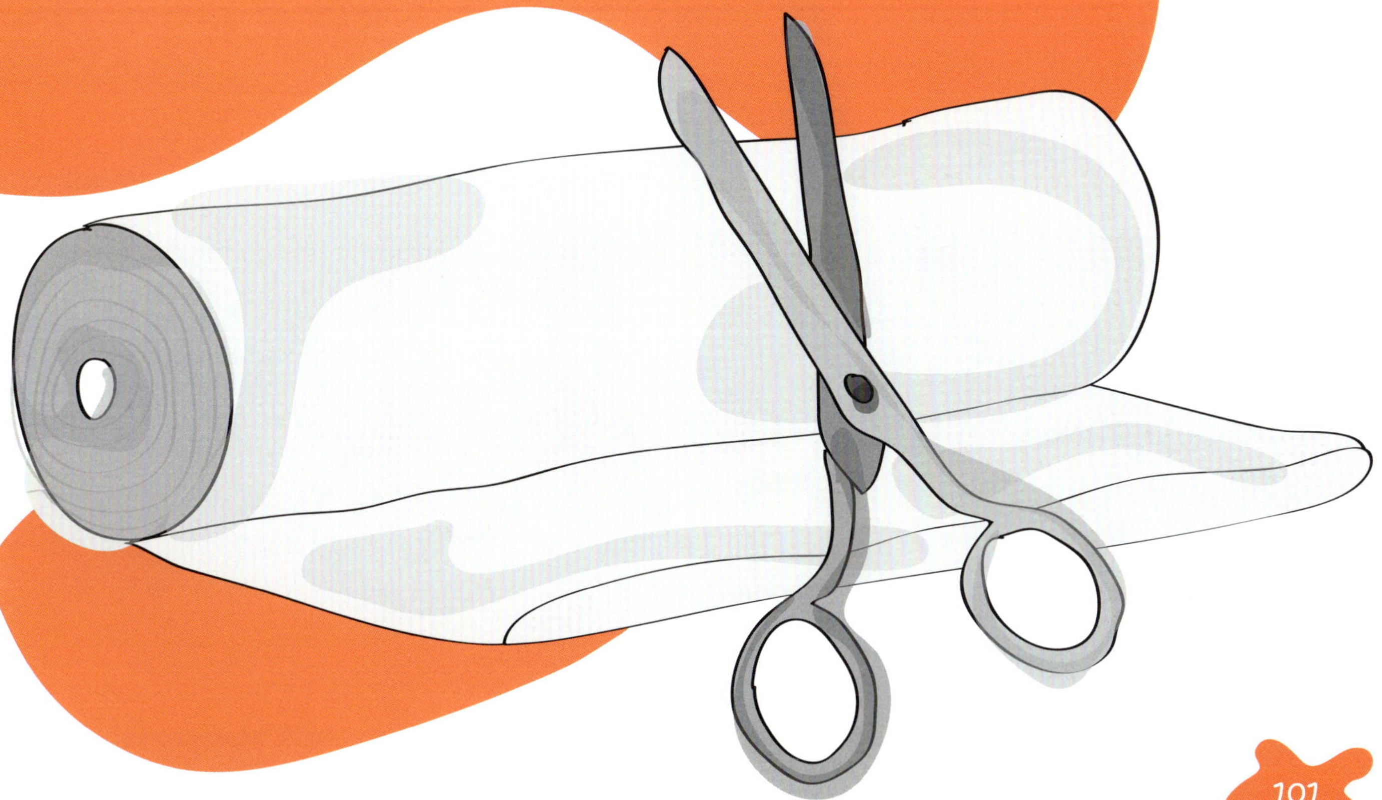

Rollbank mit Stauplatz.

Für einen wahren Alleskönner im Kinderzimmer kannst du die meisten Teile schon fertig im Baumarkt kaufen. Die Rollbank besteht aus drei Kisten in der Größe deiner Wahl, einer Trägerplatte, auf der die Kisten verschraubt werden, sowie vier Rollen, um der Bank „Beine“ zu machen. Befestige zunächst die Kisten aneinander, bohre die Löcher dafür vor und schraube sie dann zusammen. Verwende dazu Metallschrauben und Unterlegscheiben, um ein Ausreißen der Muttern zu verhindern. Nachdem du die Kisten auf der Trägerplatte montiert hast und die vier Rollen angebracht sind, kannst du dich dem Deckel widmen. Für diesen benötigst du drei Platten: eine große Platte, mit der du die Kisten verschließt, sowie zwei kleine, die das Wegrutschen des Deckels verhindern sollen. Wenn du den Deckel aufpolstern willst, beklebe die Holzplatte mit Schaumstoff, zieh einen Stoff deiner Wahl über die Platte und tackere ihn auf der Rückseite fest. Dann werden die kleinen Platten auf der Unterseite des Deckels verschraubt. Achte dabei darauf, die Platten exakt zu positionieren, damit sie im Inneren der Kisten greifen und so ein Wegrutschen des Deckels verhindern.

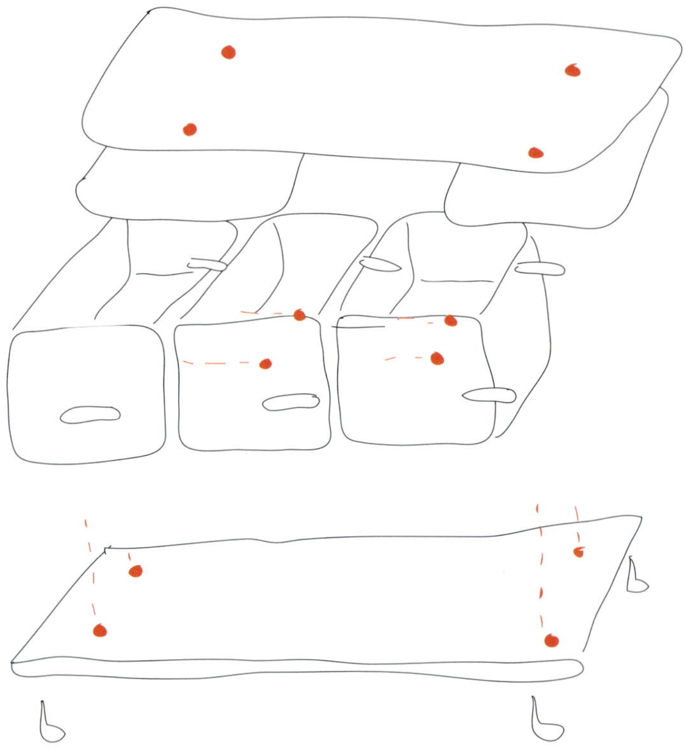

Selbst gemachte Tapeten.

An deiner Wand klebt eine langweilige Raufasertapete, die außer einen bunten Anstrich nicht viel zu bieten hat. Denkste! Such Reste der alten Raufasertapete zusammen oder kauf dir im Baumarkt eine neue Rolle. Streiche nun einen Teil der Tapete in deinem Wunschfarbton an. Nun schneidest du Punkte aus. Sie müssen nicht kreisrund sein. Hast du einen Berg von Punkten ausgeschnitten, kommt der kniffeligste Teil. Versuch die Punkte in Reih und Glied auf die Wand zu kleben. Orientiere dich dabei stets an den vorgegebenen Senkrechten und Waagerechten im Raum, z. B. an den Zimmerecken und dem Übergang zum Fußboden. Zum Aufkleben der Punkte verwendest du eine dünne Schicht Holzleim. Nach und nach kommt eine toll gestaltete Wand zum Vorschein, die durch die unregelmäßig aufgeklebten Punkte und deren exakte Ausrichtung auf der Wand ein spannendes Bild ergibt.

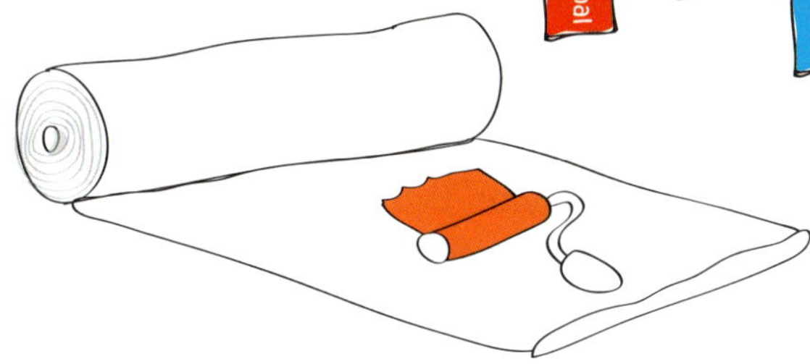

Kuschelkissen.

Das Kissen im XXL-Format bietet einen kuscheligen Platz zum Lesen, Kassettenhören oder Ausruhen.

Aus Stoffresten kann es ganz nach deiner Vorstellung im Wunschformat geschneidert werden. Dieses voluminöse Kissen lässt sich durch aufgenähte Schleifen leicht öffnen und neu bestücken. Es bietet jede Menge Stauplatz: darin lassen sich Schlafsäcke, Winterdecken und Co. praktisch verstauen. Und die aufgesetzten Taschen können deine Jüngsten als Versteck für ihre kleinen Geheimnisse nutzen.

Spielhaus.

Für das Stoffspielhaus brauchst du bunte Stoffe, vier Holzstäbe, Kordel, eine Murmel und einen Tag lang Zeit.

Zuerst nähst du vier Schals mit einem abgesetzten Tunnel für die Stäbe. An jeden Schal wird dann jeweils ein Dreieck für das Dach angenäht. Die Dreiecke mit einer Nahtzugabe von jeweils 2 cm zuschneiden. Diese brauchst du beim Zusammennähen der Dreiecke. Wenn du alle Schals an die Dreiecke gesetzt hast, kannst du die Holzstäbe durch die Tunnel schieben und an den Ecken mit einer Kordel verknoten.

Zum Schluss bringst du für die Befestigung des Spielhauses noch eine Kordel am Dachzipfel an, dazu ein kleiner Tipp: Lege eine Murmel in die Spitze! So kannst du unter dieser einen festen Knoten binden, durch den die Dachspitze nicht mehr durchrutscht.

emotional
geistig
sozial

Allein zu spielen, fördert bei Kindern die Konzentration und Selbstständigkeit. So lernen sie, allein nach einer Lösung zu suchen, wenn etwas nicht gleich klappt. Wann Kinder anfangen, sich mit sich selbst zu beschäftigen, ist von Kind zu Kind unterschiedlich. Im Allgemeinen gilt: Kinder unter einem Jahr können sich 5-10 Minuten allein beschäftigen und Kinder von 1-3 Jahren bis zu 30 Minuten. Ab dem Kindergartenalter ziehen sie sich mehr und mehr in ihr Zimmer zurück, um beim Spielen mehr „Ruhe“ zu haben.

Tafeltisch.

Aus Alt mach Neu! Das ist das Motto dieses farbenfrohen Tafeltischs. Abgenutzte Tische, die eigentlich nur noch einen Platz auf dem Sperrmüll finden, lassen sich mit Schleifpapier und buntem Lack in besondere Hingucker verwandeln. Eine weitere tolle Funktion bekommt die Tischfläche, wenn du sie mit Tafelfolie beklebst.

Kreide.

6 Esslöffel Gips
Plakafarbe (die Menge richtet sich nach der gewünschten Farbintensität)
Wasser
Klopapierrollen

Vermische den Gips und die Farbe und gib so viel Wasser hinzu, bis ein dicker Brei entsteht. Fülle nun alles in eine Klopapierrolle (die untere Öffnung mit Klebeband verschließen) und lass die Masse drei Tage lang trocknen.

Sitzwürfel.

Aus sechs gleich großen Stoffstücken lässt sich im Nu ein bequemer Sitzwürfel nähen. Dazu zunächst alle Quadrate zusammennähen und zum Befüllen des Würfels einen kleinen Spalt offen lassen. Als Füllung eignen sich besonders Styroporkugeln, die im Bastelbedarf erhältlich sind oder über das Internet bestellt werden können.

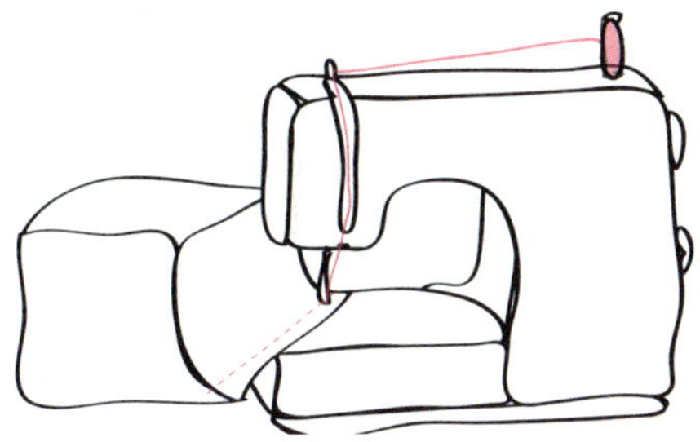

Die Umkleideecke – der körperliche Bereich.

Anziehen, umziehen, sich im Spiegel betrachten.
Ich wachse – meine Hose wird zu kurz.

Beim Anziehen vor dem offnen Kleiderschrank fällt es das erste Mal auf: die Ärmel des Pullovers werden zu kurz und die Hose geht nicht mehr zu. Auch im Spiegel kann ich erkennen – ich verändere mich. Ich brauche einen immer größeren Abstand zum Spiegel, um mich komplett darin betrachten zu können.

Tatsächlich, die Messlatte zeigt es auch an, ich bin 4 cm gewachsen.

Heranwachsen ist das Natürlichste auf der Welt. Es ist aber trotzdem ein kleines Wunder, wenn die Kinder es „schwarz auf weiß" sehen. Stolz wird das Ereignis umgehend den Geschwistern, Großeltern, Tanten und Onkeln mitgeteilt.

Kinder entwickeln nach und nach ihren eigenen Geschmack. Selbstverständlich bedeutet das auch, dass sie ab einem gewissen Punkt selbst entscheiden wollen, was sie anziehen. Aber die Fähigkeit, kalt und warm richtig einzuschätzen, ist im Kleinkindalter noch nicht gegeben. Zudem würden sie womöglich ihr schönstes und teuerstes Kleid auch für den Spielplatz auswählen, da es einfach chic ist und sie zu Hause gar nicht damit rechnen, dass es dort schmutzig werden könnte. Eltern haben daher meist das letzte Wort, sollten die Kinder aber auch mitreden lassen, da die Wahlfreiheit gut für die Entwicklung eines eigenen Geschmacks ist. Das bedeutet aber, auch mal etwas zu warm angezogen zu sein. Eine Erfahrung, die Kinder bei ihrer nächsten Kleiderwahl berücksichtigen werden – und das sicherlich eher als die mahnenden Worte der Eltern.

Spiegelbild.

Aus einem schlichten Spiegel lässt sich mit Salzteig und Graupappe eine spannende Unterwasserwelt erschaffen. Der Rahmen des Spiegels dient als Grundlage, auf der kleine Salzteigfiguren mit Holzleim aufgeklebt und große Elemente aus Graupappe aufgetackert werden. Auch hier gilt: Alle Vorlagen aus Graupappe zweimal auscuttern und flächig miteinander verkleben. So kann eine Materialstärke von 4 mm erreicht werden. Die Stabilität ist dann vergleichbar mit einem Holzwerkstoff. Der Kreativität sind dabei keine Grenzen gesetzt, ganz gleich ob Unterwasserwelt, Zoo oder Bauernhof. Mit dem einfach zu verarbeitenden Salzteig sind alle Formen und Figuren in Windeseile hergestellt. Auf einer Seite des Rahmens kann ein Maßband als Messlatte angebracht werden. Wie hier auf der Ankerkette.

Salzteig.

1 Tasse Mehl
1 Tasse Salz
8-10 Esslöffel Wasser

Der Salzteig wird nach der Verarbeitung bei 150°C 30-40 Minuten lang ausgebacken.

Du kannst den Teig auch schon vor dem Ausbacken z.B. mit Lebensmittelfarben einfärben. Auf diesem Wege kannst du aber eine so kräftige Farbintensität wie auf den Abbildungen nicht erreichen. Die Elemente des Spiegels wie auch die der Garderobe wurden nach dem Ausbacken zusätzlich mit Plakafarbe bemalt.

Mit Salzteig lassen sich zudem ganz einfach Perlen herstellen. Schiebe dazu die Salzkugeln auf Zahnstocher oder Schaschlikspieße und backe sie mit. Nach dem Auskühlen kannst du die fertigen Perlen durch leichtes Drehen einfach lösen.

TUE CHER

Umdruck.

Mithilfe von Nitroverdünnung, einer Chemikalie, die du im Baumarkt für ca. 3 Euro bekommst, lassen sich Zeitungsausschnitte auf glatte Flächen übertragen. Nitroverdünnung ist ungiftig, aber hoch entzündlich. Die Fenster sollten daher bei der Arbeit durchgehend geöffnet sein. Während des Acetonierens wird die Druckerschwärze von der Kopie gelöst und auf die Unterlage übertragen.

Lege das Motiv mit der rechten Seite nach unten auf die Unterlage, auf die es übertragen werden soll. Tupfe nun mit einem Schwamm die Nitroverdünnung auf. Wenn du den Zeitungsausschnitt entfernst, ist das Motiv wie bei einem Rubbeltattoo spiegelverkehrt übertragen. Diese Vorlage kann mit Lacken oder – wie auf dem Foto – mit Buntstiften ausgemalt werden. Zum Schluss das Motiv mit Sprühlack fixieren.

Wir haben dem Baum ein buntes Blätterdach aus Tapetenresten verpasst. Am besten bringst du diese mit einer dünnen Schicht Holzleim auf der Wand an.

Vorlagen übertragen.

In Malbüchern, auf Verpackungen oder im Internet. Überall findest du Dutzende von Malvorlagen. Diese kannst du in drei einfachen Schritten auf die Wand übertragen.

Male die Vorlage auf eine Klarsichthülle. Schneide danach ein Fenster aus einem Stück Pappe heraus und klebe die Klarsichthülle dahinter. Positioniere die Pappe vor einer Lichtquelle und übertrage die Umrisse auf die Wand, auf ein Stück Papier oder auf Holz.

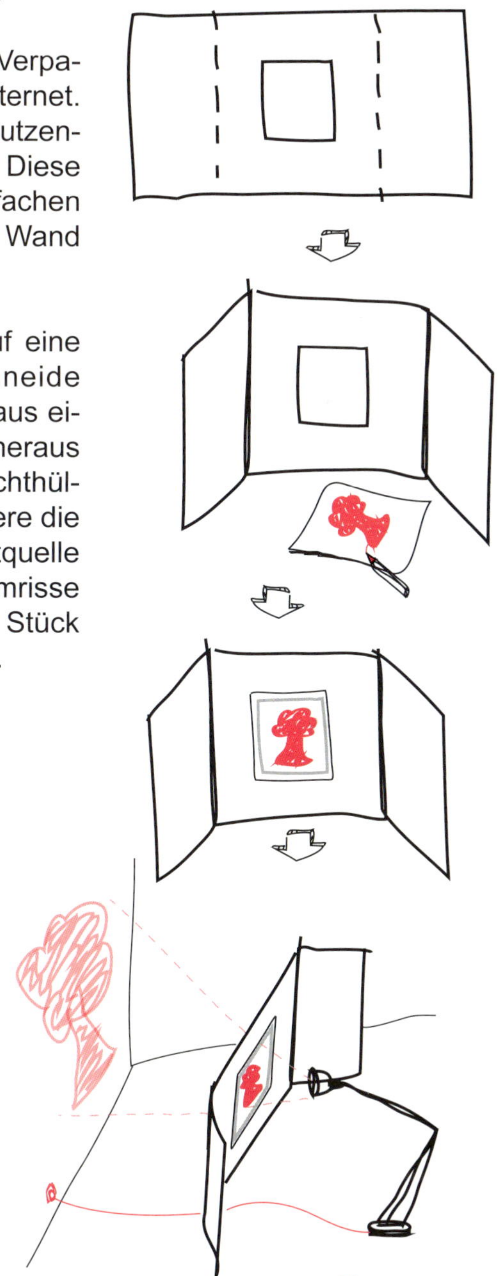

Garderobe.

Eine ganz besonders farbenfrohe, aber auch günstige Garderobe lässt sich am schnellsten backen. Dazu einen Salzteig nach dem Rezept von Seite 113 herstellen, Kugeln formen und vor dem Backen Schrauben mit dem Kopf tief in den Teig eindrücken. Danach werden Löcher gebohrt, entsprechende Dübel eingesetzt und die mit den Schrauben bestückten Kugeln einfach an der Garderrobe befestigt.

Fensterfarbe.

¼ Tasse Maisstärke
2 Tassen kaltes Wasser
Lebensmittelfarbe oder zerstoßene bunte Kreide

Die Stärke und das Wasser in einem Topf unter ständigem Rühren stark erhitzen. Dickt die Masse langsam an, wird der Topf vom Herd genommen. Sollten sich Klumpen gebildet haben, drückt man das Stärke-Wasser-Gemisch durch ein Sieb. Dann die erkaltete Grundmischung in kleine Gefäße wie z. B. Marmeladengläser abfüllen. Nun kann die Grundmischung nach Lust und Laune mit Lebensmittelfarbe oder zerstoßener Kreide eingefärbt werden.

Weiße Gardinen und Rollos bieten eine wunderbare Fläche für kreative Kinderzimmergestalter. Langweilige Schals lassen sich beispielsweise mit Kartoffeldruck verschönern. Und auf Rollos kannst du deine selbst gemalten Bilder einfach mit Bügelfolie verewigen.

Bügelfolie.

Zum Aufbügeln der kleinen Kunstwerke benötigst du einen Drucker mit Scanfunktion, Bügelfolien aus dem Schreibwarenladen sowie ein Bügeleisen und selbstverständlich ein gemaltes Bild.

Denk daran, dass das Bild stets spiegelverkehrt auf die Unterlage übertragen wird. Dies ist wichtig, wenn deine Zeichnung einen Schriftteil enthält. Alle weiteren Schritte entnimmst du am besten der beiliegenden Anleitung der Bügelfolien. Je nach Hersteller kann es hier Unterschiede geben.

Kartoffeldruck.

Eine Kartoffel kannst du wie einen Stempel verwenden, um damit Formen und Muster immer wieder aufzubringen. Halbiere dazu eine große Kartoffel und ritze vorsichtig ein Muster deiner Wahl hinein. Zum Stempeln eignen sich besonders Stoffmalfarben, die nach dem Bügeln sogar waschecht sind. Und los geht's!

Lampenschirme.

Ob klein, groß, rund oder kantig – es gibt genauso viele Formen wie Möglichkeiten, um Lampenschirme ganz individuell zu gestalten. Papierschirme lassen sich mit Wasserfarbe vorsichtig bemalen oder mit Filz und Stoffen bekleben. Wenn du genügend Stoffreste übrig hast, kannst du daraus sogar eine Laterne nähen. Stelle einfach ein Patchwork her (siehe Seite 71) und nähe daraus einen Schlauch. Diesen kannst du dann z. B. an einer alten Lampenschirmhalterung befestigen.

Wenn du Lampenschirme mit Pailletten beklebst, funkeln sie, sobald die Sonne oder eine andere Lampe ihr Licht auf sie werfen.

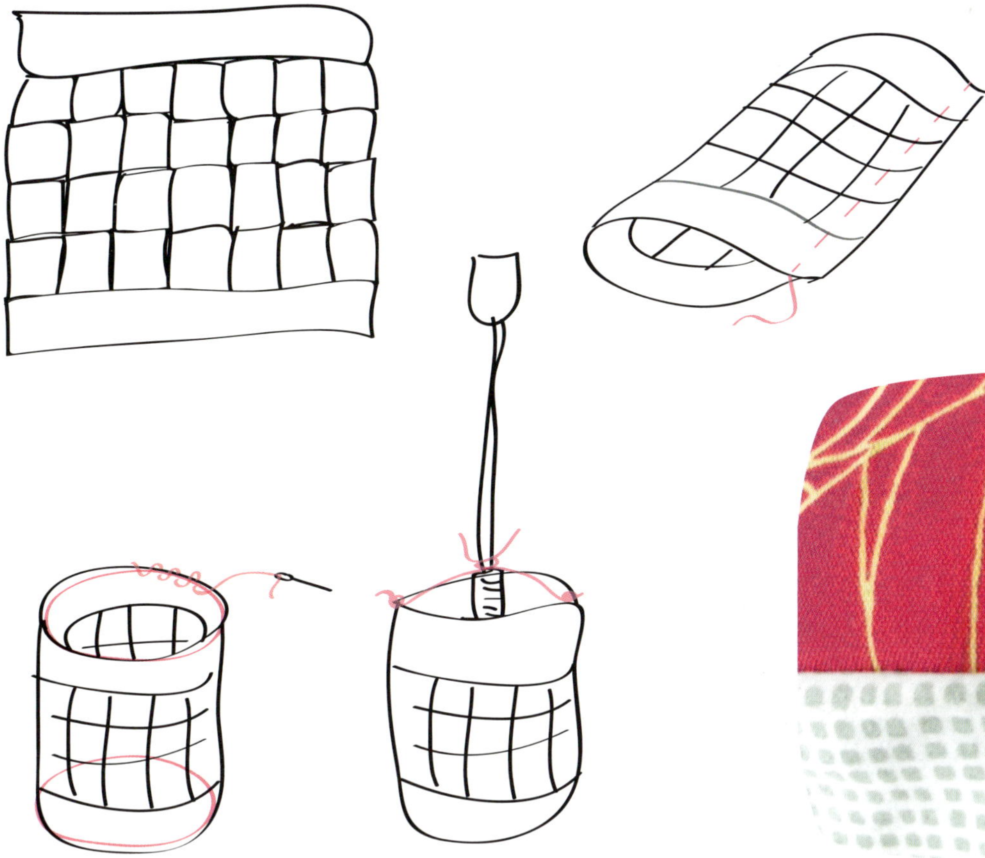

emotional
geistig
sozial
körperlich

Anhang.

Nähtipps.

Mit einer Nähmaschine zu nähen, hat große Ähnlichkeit mit dem Autofahrven. Wenn du bei einem Auto zögerlich oder ruckartig auf das Gaspedal trittst, wird das Auto auch ruckartig und schwer fortzubewegen sein. Ebenso ist es mit der Nähmaschine: Wenn du nur zögerlich auf das Pedal trittst und nach dem ersten Ruck wieder aufhörst, wirst du keine gerade Naht nähen können.

Gerade Nähte.

Gerade Nähte lassen sich bei zügiger Geschwindigkeit am leichtesten nähen.

Nahtlinien anzeichnen.
Du kannst die Nahtlinien z. B. mit Schneiderkreide anzeichnen. Wenn der Stoff es zulässt oder du von links nähst (die Naht also verdeckt ist), kannst du auch einen auswaschbaren Stift verwenden. Vorsicht ist hier allerdings bei hellen Stoffen geboten. Nähe nun einfach an dieser Linie entlang.

Heften.
Hefte die Naht zuerst mit der Hand. Nimm dazu Heftfaden und Nähnadel und nähe die Naht mit großen Stichen vor. Wenn du die Naht mit der Nähmaschine gesteppt hast, kannst du den Heftfaden einfach wieder herausziehen. Heften hat den Vorteil, dass du dich während des Steppens nicht um die Stecknadeln kümmern musst. Ein Nachteil des Heftens ist jedoch der große Zeitaufwand.

Füßchenbreit absteppen.
Nimm das Nähmaschinenfüßchen als Maßeinheit für deine gerade Naht. Lege dazu den Stoff so, dass eine Kante des Füßchens genau an einer Naht entlangläuft. Oder lege das Füßchen an einem Stoffbruch beziehungsweise an einer Stoffkante an. Achte während des Steppens darauf, dass der Stoff durchgehend an der Füßchenkante entlangläuft.

Außenecken nähen.

Außenecken kommen beispielsweise bei Kissenbezügen vor.

- Lege den Stoff rechts auf rechts.
- Stecke einige Stecknadeln quer zur Nahtrichtung durch die Stofflagen, damit sie beim Nähen nicht verrutschen können.
- Steppe mit normaler Stichlänge bis kurz vor die Ecke. Stelle dann einen kürzeren Stich ein. Steppe weiter bis in die Ecke.
- Senke die Nadelspitze an der Ecke mit dem Handrad in den Stoff. Hebe den Nähfuß und drehe den Stoff. Senke den Nähfuß wieder und steppe weiter. Stelle nach ca. 2 cm wieder die normale Stichlänge ein.
- Schneide die Ecke am besten schon vor dem Wenden um 45° ab, damit der Stoff besser liegt. Bügele dann die Nahtzugaben auseinander. So erhältst du schöne gerade Kanten.

Rundungen nähen.

Damit eine Rundung auch schön rund wird, markiere vor dem Nähen den Nahtverlauf oder nähe während des Steppens exakt mit der Außenkante des Nähfußes an der Stoffkante entlang. Anfänger markieren den Nahtverlauf am besten zuvor mit Schneiderkreide.

- Lege den Stoff rechts auf rechts. Befestige die Kanten quer zur Nahtrichtung mit Stecknadeln.
- Stelle die Stichlänge etwas kürzer als normal ein, 1,5 mm sind hier ausreichend. Nähe langsam und drehe dabei den Stoff entsprechend.
- Schneide aus den Nahtzugaben Zacken aus, die bis ca. 2 mm an die Naht heranreichen. Je enger die Rundung ist, umso mehr Zacken müssen ausgeschnitten werden.
- Wende nun den Stoff. Bügele zunächst die Naht auseinander, um eine gerade Kante zu erhalten. Lege dann den Stoff richtig herum aus und bügele die Kante.

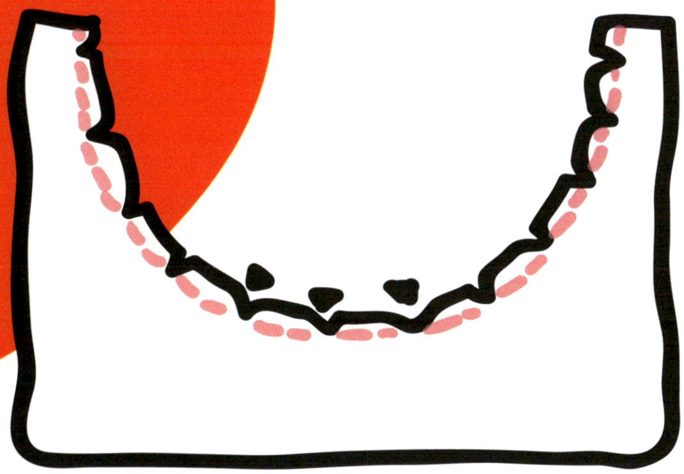

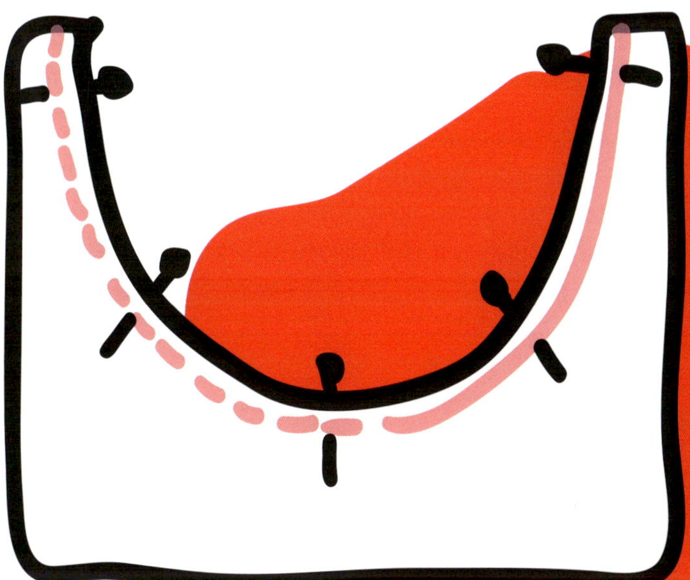

Absteppen.

Knapp an Kanten oder Nähten entlang zu nähen, um sie zu betonen oder zu fixieren, wird als „absteppen" bezeichnet. Meist steppt man sehr schmal ab, d.h. im Abstand von 2-5 mm parallel zur Naht. Dazu kannst du das Nähmaschinenfüßchen wie oben beschrieben als Maßstab nehmen.

Französische Naht.

Die französische Naht wird auch „Doppelnaht" genannt und zweimal genäht. Die Nahtzugaben werden dabei eingenäht und sind dann nicht mehr sichtbar. Verwendet wird die französische Naht bei sehr dünnen Stoffen und Seide.

Handstiche.

Besonders für Bastelarbeiten und kleine Nähobjekte sind Handstiche geeignet. Damit kannst du sehr genau nähen. Außerdem kann mit der Hand zu nähen sehr beruhigend sein und du kannst es auch zusammen mit deinen Kindern tun. Verwende dazu lange und möglichst dünne Nadeln.

Nahtzugaben versäubern.

Um einer Decke Halt zu geben, empfiehlt es sich, die Naht ca. 1-1,5 cm von der Außenkante entfernt abzusteppen. Die überstehenden 1-1,5 cm werden auch „Nahtzugabe" genannt. Versäubert wird eine Nahtzugabe an der Außenkante mit einem groß eingestellten Zickzackstich.

Heft- oder Vorstich.

Dieser Handstich eignet sich zum Vornähen oder Einreihen. Damit kannst du aber auch Ziernähte nähen, z. B. mit dünnen Bändern oder Lederschnüren. Achte dabei darauf, dass die Stiche immer gleich lang sind. Zum schnelleren Arbeiten kannst du gleich mehrere Stiche auf einmal stechen, bevor du die Nadel ganz durchziehst.

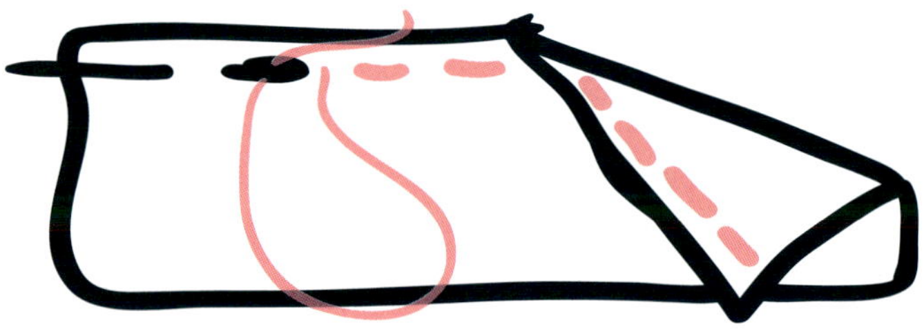

Hexenstich.

Der Hexenstich ist ein Zierstich. Mit ihm kannst du festen Stoff oder Leder per Hand dekorativ zusammennähen.

Hohlsaumstich.

Die zuvor mit Zickzackstichen versäuberte Saumkante wird umgebügelt und dann so festgenäht, dass die Naht von der rechten Stoffseite aus unsichtbar ist. Befestige dafür den Faden an der Innenseite des Umschlags. Nimm dann oberhalb und etwa 6 mm links davon wenige Gewebefäden auf. Achte aber darauf, dass du nicht durch den Stoff hindurchstichst.

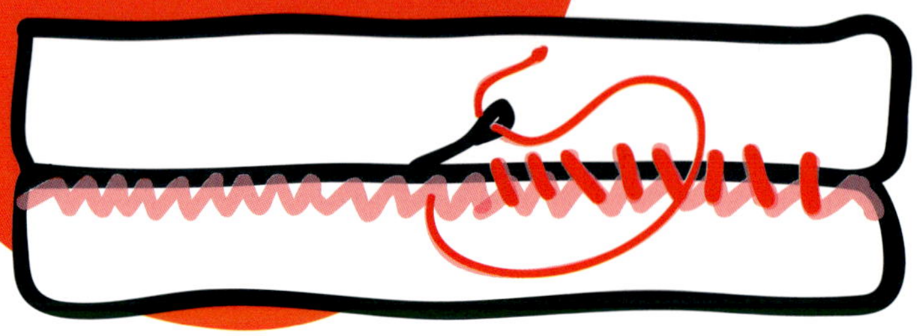

Knopflochstich.

Mit diesem Stich kannst du Kanten dekorativ einfassen oder Knopflöcher nähen. Verwendet wird er beispielsweise an den Rändern von Wolldecken. Du kannst damit aber auch Applikationen dekorativ aufnähen. Stich die Nadel ca. 5 mm bis 1 cm neben der Kante auf der linken Stoffseite ein. Lege den Faden auf der rechten Stoffseite nach links unter der Nadel zu einer Schlaufe. Zieh dann die Nadel durch und stich auf der linken Stoffseite wieder ein. Verfahre genauso bei den nächsten Stichen.

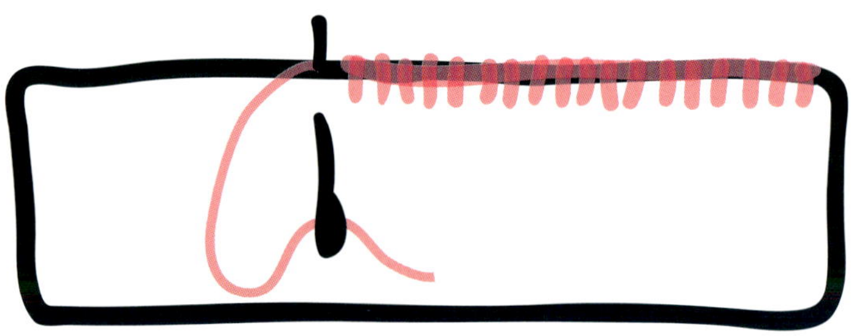

Diese Tipps sind mit freundlicher Unterstützung von www.schneidern-naehen.de entstanden.

Das Handwerker-Abc

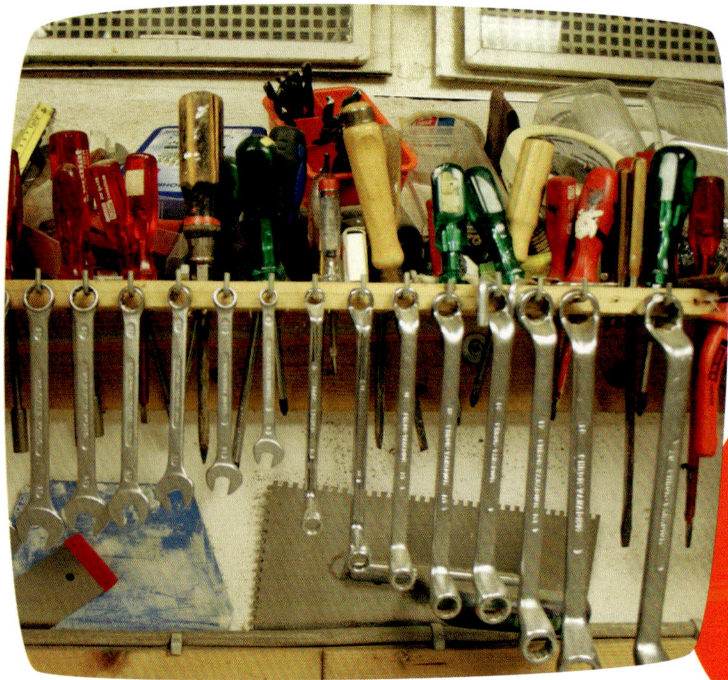

Acryl eignet sich besonders, um sichtbare Fugen auszuspritzen, da es sich einfach überstreichen lässt. Auf Silikon würde keine Farbe haften, selbst wenn sie dauerelastisch wäre.

Bohren kann beim Anbringen von Deckenleuchten sehr unangenehm sein. Besonders der entstehende Staub verhindert oft die klare Sicht. Ein gekürzter Joghurtbecher kann hier Abhilfe schaffen: Einfach auf den Bohrer stecken, und los geht's!

Cutter gibt es mit Abbruchklinge zum Schneiden von dünnen Materialien wie Pappe, Papier und Gipskarton, aber auch mit fester Klinge, die selbst Furnier und Kabel schneidet. Zudem wird neben der Trapezform auch eine Hakenklinge angeboten, mit deren stumpfer Seite der Teppich besonders gut in die Ecken gedrückt werden kann, um ihn dann hier mit dem Haken einfacher zuzuschneiden.

Dübel lassen sich einfach mit Korkenziehern aus der Wand ziehen.

Elektroleitungen sollte man beim Bohren möglichst weiträumig umgehen. Zum Glück gibt es den sogenannten „Leitungsverlauf", der vorgibt, in welchen Bereichen auf keinen Fall gebohrt werden sollte: Niemals senkrecht und waagerecht zu Steckdosen, Schaltern und Verteilerdosen bohren. Zudem sind die Bereiche 30 cm darüber und darunter tabu.

Für ein bedenkenloses Heimwerken ist es nicht nur wichtig, auf die Sicherheit zu achten, sondern auch die gesetzlichen Ruhezeiten einzuhalten. Besonders in Mietshäusern sollte darauf Rücksicht genommen werden, „denn dann klappt es auch mit dem Nachbarn". Werden in der Hausordnung keine genauen Angaben gemacht, gelten die gesetzlichen Ruhezeiten. Demnach darf von 7.00 Uhr morgens bis 20.00 Uhr abends mit Ausnahme der Mittagsruhe von 12.30-14.30 Uhr im ¾-Takt gehämmert werden. Diese Zeiten gelten von montags bis einschließlich samstags.

Festsitzende Schubladen lassen sich mit Seife leicht wieder in Bewegung bringen. Dazu die Seiten und die Auflage großzügig mit Seife einreiben.

Gips wird beim Anmischen immer in das Wasser gegeben. Niemals in umgekehrter Reihenfolge anmischen, da der Gips sonst klumpt. Ein zusätzlicher Spritzer Geschirrspülmittel lässt den Gips langsamer trocknen, die Zugabe von Salz hingegen schneller.

Holzwürmer lassen sich mit einem Gemisch aus 250 ml Wasser und 15 g Karbolsäure beseitigen. Das befallene Holz sollte mehrmals damit bestrichen und ausgiebig gelüftet werden.

Inbusschlüssel kennt jeder, der schon einmal ein Möbelstück zusammengeschraubt hat. Dabei ist es oft mühselig, jede einzelne der unzähligen Schrauben manuell festzuziehen. Das kurze Stück einfach abkneifen. So hat man aus der L-Form einen „Stift" gemacht, der in den Akkubohrer passt.

Jalousiengurte werden durch Einreiben mit Resten von weißen Kerzen glatter, widerstandsfähiger und somit auch haltbarer.

Klebeband kann dabei helfen, dass Kanten beim Sägen nicht ausfransen. Dazu das Klebeband einfach auf das Holz kleben und durch beide hindurchsägen.

Löcher in Hölzern lassen sich schnell durch Holzstaub ausbessern. An einer versteckten Stelle einfach etwas von dem Holz abschleifen, mit durchsichtigem Nagellack vermischen und auftragen. Diese Methode hat zudem den Vorteil, dass man immer den richtigen Farbton des Holzes trifft.

Messbänder oder Zollstöcke sind wichtige Handwerkerutensilien. Sind sie mal wieder nicht zur Hand, so kann man sich mit folgender Methode bestens behelfen: einfach die Höhe des Bauchnabels vermessen, ebenso die Länge des Fußes und die Strecke vom Daumen zum Zeigefinger. Auf diese Weise kann man auch unterwegs alle Längen einfach abschätzen.

Nägel lassen sich sicher mithilfe eines Pappstreifens einschlagen. Der Pappstreifen dient als „Halter" für den Nagel. So gibt es nie mehr gequetschte Finger! Dazu den Nagel durch den vorderen Teil eines Pappstreifens stecken und am hinteren Teil des Streifens festhalten. Den Nagel wie gewohnt einschlagen und die Pappe abreißen, wenn der Nagel eingeschlagen ist.

Ordnung im Schraubenwirrwarr schafft ein Eierkarton, in den die mitgelieferten Schrauben, Nägel und Halterungen eines neuen Möbelstücks einsortiert werden können.

Poröse Wände sollten immer mit Haftgrund vorbehandelt werden. Dieser bindet, schützt und ist ein optimaler Untergrund für Anstriche und Tapeten.

Quietschende Scharniere lassen sich mit einem Tropfen Pflanzenöl ruhig stellen.

Rutscht der Schraubenzieher von der Schraube ab, hilft feuchter Sand, von dem etwas in den ausgefransten Schraubenschlitz gedrückt wird, aber nur so viel, dass der Schraubenzieher noch in den Schlitz passt.

Schleifen ist eine unangenehme Pflicht vor jedem neuen Anstrich. Damit es einfacher von der Hand geht, das Holz vorher anfeuchten und anschließend trocknen lassen.

Türen führen oft ein Eigenleben und fallen immer wieder von allein zu. Abhilfe schafft da ein Gummiring, der auf den Dorn (erkennbar beim Aushängen der Tür) gesteckt wird. Gummiringe sind günstig in Baumärkten erhältlich. Dabei nicht vergessen, vor dem Kauf den Durchmesser des Dorns auszumessen.

Um auch an schwer erreichbaren Stellen keine Schraube zu verlieren, hilft es, wenn der Schraubenzieher magnetisch ist. Er kann leicht nachträglich magnetisiert werden. Dazu einfach den Pol eines Magneten mehrmals in gleicher Richtung über die Schraubenzieherspitze ziehen.

Verklebten Sprühdosen kann man einfach vorbeugen, indem man sie nach dem Gebrauch über Kopf hält und solange sprüht, bis keine Rückstände mehr im Sprühkopf enthalten sind.

Winkel (90°) lassen sich durch einen einfachen Trick feststellen. Von einer Zimmerecke ausgehend jeweils an beiden Wänden entlang einen halben Meter abmessen. Verbindet man die beiden Punkte nun miteinander zu einem Dreieck, muss auf der Diagonalen genau ein Meter abzumessen sein.

X-beliebigem Werkzeug ist nicht zu trauen, deshalb bei einer Neuanschaffung immer auf das GS-Siegel achten. Ein Stück Kreide im Werkzeugkasten schützt das Werkzeug zudem vor Rost.

Ytong (Porenbeton) ist ein Werkstoff, mit dem sich schnell und kostengünstig Trennwände, Podeste und Möbel bauen lassen. Großformatige Porenbetonsteine, die entgegen aller Erwartung ein sehr leichter Werkstoff sind, lassen sich einfach mit einem Fuchsschwanz bearbeiten.

Zahnpasta hilft, um kleine Löcher in der Wand einfach verschwinden zu lassen. Etwas größere Löcher kann man zusätzlich mit Papiertaschentuchstücken zustopfen.

Schraubenlehre.

Wusstest du, dass es eigentlich nicht „Schlitz"- und „Kreuzschlitz"-Schraubenzieher heißt?

Unter Fachmännern und -frauen unterscheidet man zwischen den Schraubenziehern mit Schlitz und zwei unterschiedlichen Arten von Kreuzschlitz-Schraubenziehern. Diese haben entweder einen „Phillips"-Antrieb (für einfache Kreuzschrauben) oder einen „Pozidriv"-Antrieb, wenn das „Kreuz" noch weitere vier „Ärmchen" hat und mehr einem Stern ähnelt.

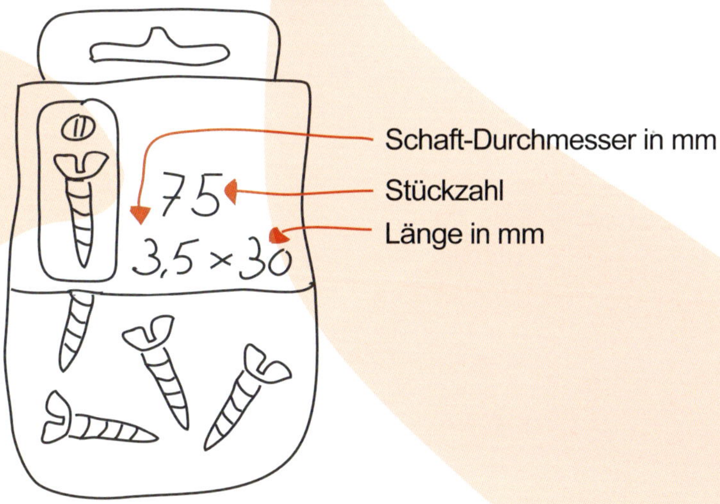

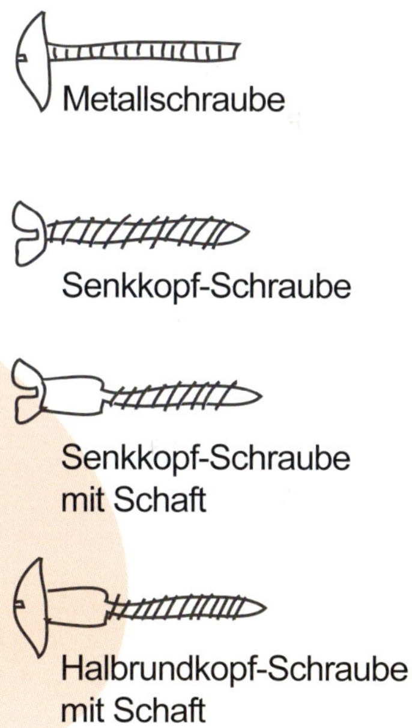

Der Werkzeugkasten.

In der Zeichnung auf der nächsten Seite siehst du viele Buchstaben. Jeder von ihnen steht für ein Werkzeug, das auf den ersten und letzten Seiten des Buchs farbig abgebildet ist.

Ordne nun den Abkürzungen der Werkzeuge die Farben von den Anfangs- und Schlussseiten zu.

B = Bohrmaschine
C = Cutter
D = Dübel
F = Fuchsschwanz
H = Hammer
I = Inbus
R = Rohrzange
Mb = Maßband
Mr = Malerrolle
Sch = Schraubenzieher
Sp = Spitzzange
St = Stichsäge
Za = Zange
Zw = Zwinge

Das Reinigungs- und Pflege-Abc.

Sauberkeit ist wichtig, porentiefe Reinheit hingegen übertrieben. Besonders in Haushalten mit kleinen Kindern müssen Bakterien vorhanden sein, um ihr Immunsystem zu stärken und zu stimulieren. In unserer modernen Welt sind Schmutz und Dreck nicht vorgesehen und werden, falls doch vorhanden, mit hoch entwickelten und hoch giftigen Putzmitteln bekämpft. Vor allem Allergien und Asthma können die Folgen dieser Keimfreiheit sein.

Auch moderne Raumdüfte werden immer beliebter und sollen die Reinheit der Wohnung unterstreichen und hervorheben. Doch auch sie sind chemisch hergestellte, meist an den Geruch von Toilettenreinigern erinnernde Dufthämmer, die einen eher erschlagen als beflügeln.

Dabei haben wir die wichtigsten Utensilien für einen sauberen Haushalt meist – ohne es zu wissen – bereits im Küchenschrank.

Schon mit ein paar einfachen Tipps, etwas Essig und Rasierschaum lassen sich wunderbare Resultate erzielen, die obendrein auch noch kostengünstig, ungiftig und unbedenklich sind.

Aufhellen von Böden: Teppichboden wird durch Einreiben mit Sauerkraut (roh und abgetropft) wieder fast wie neu. Einfach einreiben, kurz einwirken lassen, das Kraut mit der Hand aufnehmen und Reste einfach mit dem Staubsauger entfernen. Ungestrichene Holzböden können mit einer Mischung aus ¾ Scheuersand und ¼ gelöschtem Kalk aus dem Baumarkt aufgehellt werden.

Babypflegetücher verleihen Holz- und Ledermöbeln neuen Glanz.

Cola entrostet und legt einen Schutzfilm um Metalle. Zudem kann Cola auch alte Holzmöbel wieder auffrischen.

Druckstellen im Teppich können durch Auflegen eines feuchten Tuchs und einfaches „Drüberbügeln" beseitigt werden. Danach kurz in verschiedene Richtungen bürsten, fertig!

Entfernen von Aufklebern kann mit einem Fön zum Kinderspiel werden. Aufkleber anwärmen und langsam abziehen. Kleberrückstände lassen sich mit Speiseöl entfernen.

Fenster lassen sich einfach mit Wasser und einem Schuss Tafelessig reinigen. Damit sie streifenfrei werden, einfach mit Zeitungspapier trocken polieren. Sind die Scheiben blind, kann man mit einem Gemisch aus ¼ Weißbier und einem ½ Pfund Salz wieder für Durchblick sorgen.

Gardinen sollten bei 40°C gewaschen werden. Danach in der Badewanne nochmals einweichen und den Inhalt von zwei bis vier Tintenpatronen (für Füllfederhalter) dazugeben; das sorgt für ein blütenweißes Ergebnis. Sollten die Gardinen vergilbt sein, helfen zwei bis vier Päckchen Backpulver, die ebenfalls in die Badewanne gegeben werden. Damit sie auch noch faltenfrei werden, einfach feucht aufhängen.

Heizkörper lassen sich schwer reinigen. Selbst die schmalsten Hände sind für die kleinen Zwischenräume schon zu groß. Daher einfach ein feuchtes Tuch unter die Heizung legen und den losen Staub mit einem Fön von vorne durch die Heizstangen auf das Tuch pusten.

Imprägnieren ist nach einer Teppichreinigung Pflicht, da durch die intensive Reinigung nicht nur die Flecken verschwinden, sondern auch der Schutzmantel des Teppichs. Imprägniersprays sind im Einzelhandel erhältlich und sollten nach den Angaben des Herstellers angewandt werden.

Jeansflecken auf Polstern lassen sich wie viele andere Flecken mit Rasierschaum entfernen.

Kratzer im Holz kann man mit einer halbierten Haselnuss einfach wegreiben. Kleine Macken im Glas können mit Zahnpasta bearbeitet werden.

Leder wird mit einer günstigen Bodylotion (mit möglichst wenig Zusatzstoffen) wieder geschmeidig und glänzend.

Maserungen sollte man bei der Holzbodenreinigung und -pflege besondere Beachtung schenken. Zum Reinigen mit wenig Wasser in entgegengesetzter Richtung zur Maserung arbeiten. Das verhindert ein tiefes Eindringen der Feuchtigkeit und beugt unerwünschtem Aufquellen vor. Bei der Pflege hingegen muss das Pflegemittel in Richtung der Maserung aufgetragen werden.

Nagellackentferner löst Alleskleberflecken.

Oelflecken lassen sich mit Babypuder aufsaugen und entfernen. Dazu über Nacht einwirken lassen.

Penetrante Fettflecken um Lichtschalter auf weißen Raufasertapeten lassen sich mit Fensterreiniger entfernen. Einfach ein paar Wattestäbchen mit Flüssigkeit tränken und die Fettablagerungen mit sanftem Druck bearbeiten. Alternativ die Flecken an der Wand mit weißer Kreide überdecken.

Quecksilber in Form von Kugeln (zerbrochenes Fieberthermometer) zu beseitigen erfordert besondere Aufmerksamkeit. Als Erstes müssen die Fenster weit geöffnet werden, um für Durchzug zu sorgen. Der Raum sollte für 15 Minuten verlassen werden. Kein Zutritt für Schwangere, Kinder und Haustiere! Danach müssen die Kugeln mit einem Stück Pappe eingesammelt werden. Dabei die Pappe wie eine Schippe verwenden und direkten Hautkontakt vermeiden! Die Pappe wie auch die Kugeln sollten in einem Einmachglas sicher verschlossen werden. Das Glas zusätzlich verkleben und mit der Bemerkung „Sondermüll, Quecksilber" versehen.

Bei zerbrochenen Energiesparlampen sollte der Bereich sorgfältig mit einem feuchten Tuch gereinigt werden. Kleine Scherben können mit einem Klebeband aufgenommen werden. Danach Scherben und Tuch wie oben beschrieben in einem Einmachglas als Sondermüll entsorgen.

Radiergummis lassen Kugelschreiberflecken auf Schreibtischen sowie Ruß an Tapeten leicht verschwinden.

Stinkende Staubsauger erfordern kein teures Staubsaugerdeo. Stattdessen einfach Zimt oder Vanillezucker ausstreuen und aufsaugen.

Tees sind wahre Wundermittel, nicht nur bei Erkältungen, sondern besonders bei der Massivholzpflege. Dazu schwarzen Tee ca. 10 Minuten in einer halb gefüllten Tasse ziehen lassen und wie unter „Maserungen“ beschrieben einarbeiten.

Ungeziefer und Mücken lassen sich durch ätherische Öle abwehren. Dazu einfach Küchenkräuter wie Basilikum auf das Fensterbrett stellen. Gegen Motten im Schrank hilft eine Seidensocke, gefüllt mit Thymian, Lavendel oder Salbei.

Vanille ist der beliebteste Raumduft, der sich im Handumdrehen günstig und dauerhaft in jeden Raum bringen lässt. Dazu einfach eine Vanilleschote einritzen und aufhängen. Lässt der Duft nach, erneut einritzen. Eine einzelne Schote kann auf diese Weise bis zu einem halben Jahr einen dezenten Vanilleduft verströmen. Bei schlechten Gerüchen, z. B. gebratenem Fisch, kann zudem eine Schale mit Kaffeepulver aufgestellt werden.

Wasserflecken auf Holz lassen sich mit einem Gemisch aus Zigarrenasche und Speiseöl entfernen.

X-Borsten, Sensorkopf oder Zungenreiniger: Zahnbürsten gibt es in unzähligen Varianten. Doch sie sind auch ein wahrer Putzhelfer für schmale Ecken und kleine Ritzen.

Y64/Y61- Papierbeutel für Staubsauger geraten mehr und mehr aus der Mode. Beutellose Geräte sind jedoch oft mühselig zu reinigen. Abhilfe schafft da eine Seidensocke, die über den Filter gezogen wird und regelmäßig ausgetauscht werden kann.

Zitronensaft im Spülwasser lässt Gläser strahlen. Korbmöbel sollten regelmäßig mit Zitronenöl eingerieben werden, das beugt Brüchen vor.

Regale gerade aufhängen.

Das erste Loch auf gewünschter Höhe bohren.

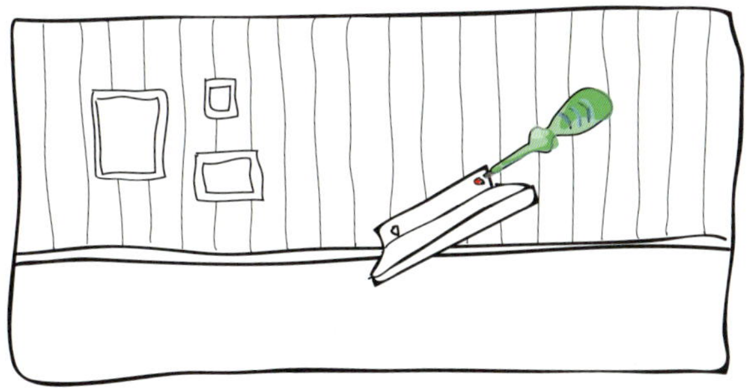

Das Regal leicht anschrauben.

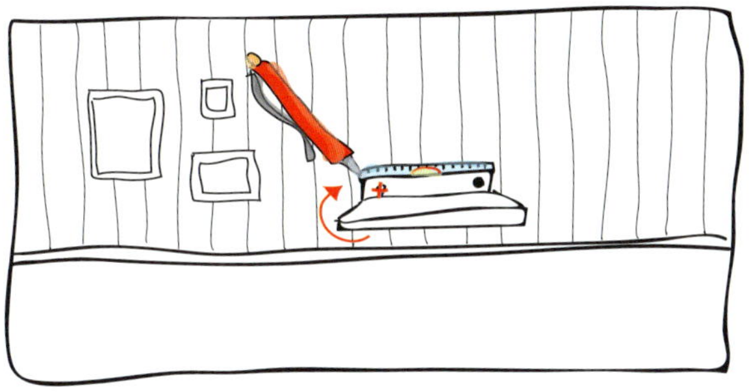

Das Regal mit einer Wasserwaage ausrichten und das zweite Bohrloch markieren.

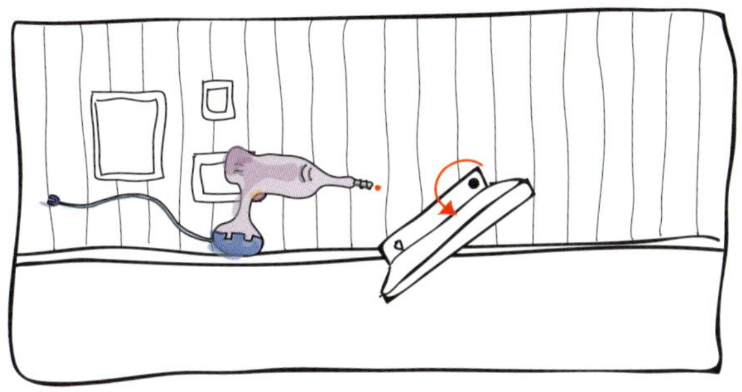

Das Regal dann vorsichtig zur Seite drehen und das Loch bohren. Dabei das Regal festhalten.

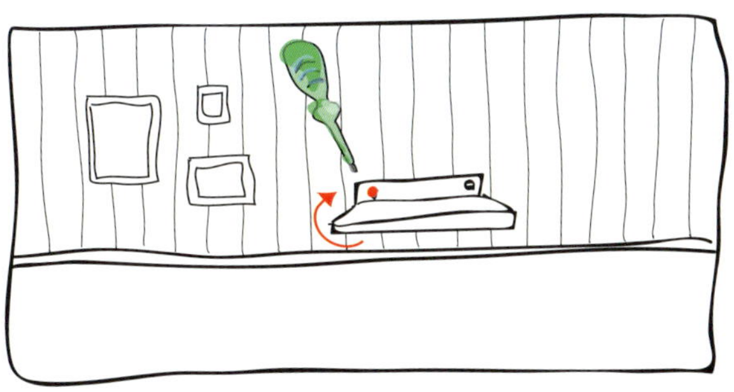

Das Regal in die richtige Position drehen und festschrauben.

Fertig!

Malerrollen und -pinsel.

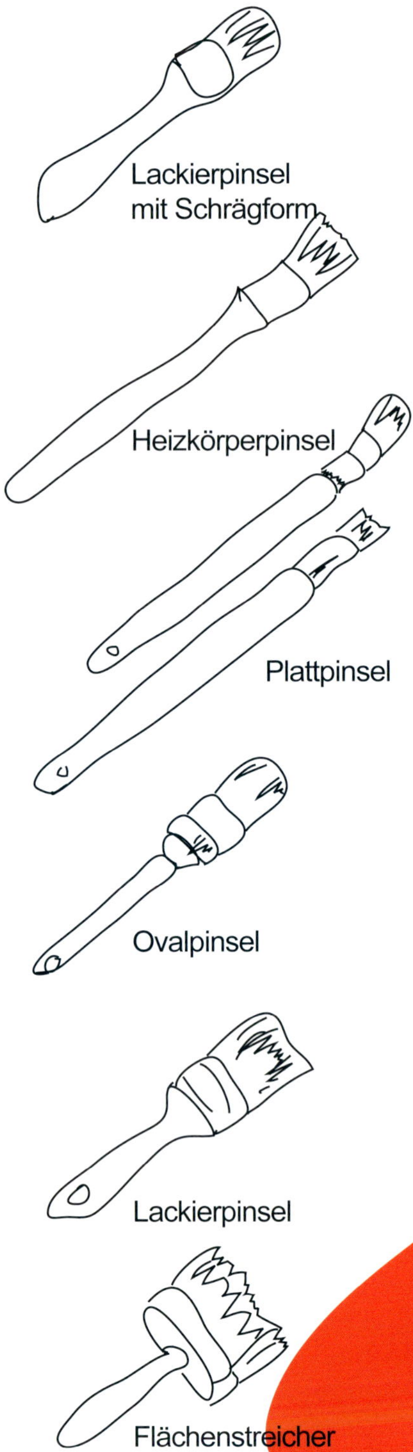

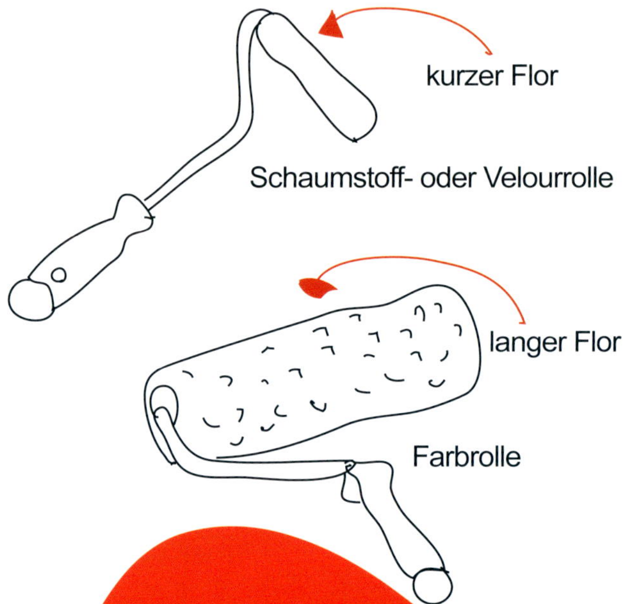

Beim Kauf von Farbrollen sollte man stets auf die Beschaffenheit des „Flors“ achten. Je länger und flauschiger er ist, umso strukturierter wird der Anstrich. Langer Flor eignet sich besonders zum Streichen von Raufasertapeten, da dieser bis in die letzten Vertiefungen der ungleichmäßigen Oberfläche eindringt. Zum Lackieren von Türen oder Fenstern am besten Roller mit Schaumstoffoberfläche verwenden. Sie verteilen die Farbe gleichmäßig und verhindern das Entstehen von unschönen Tropfen– auch „Nasen“ genannt.

Gerade Kanten streichen.

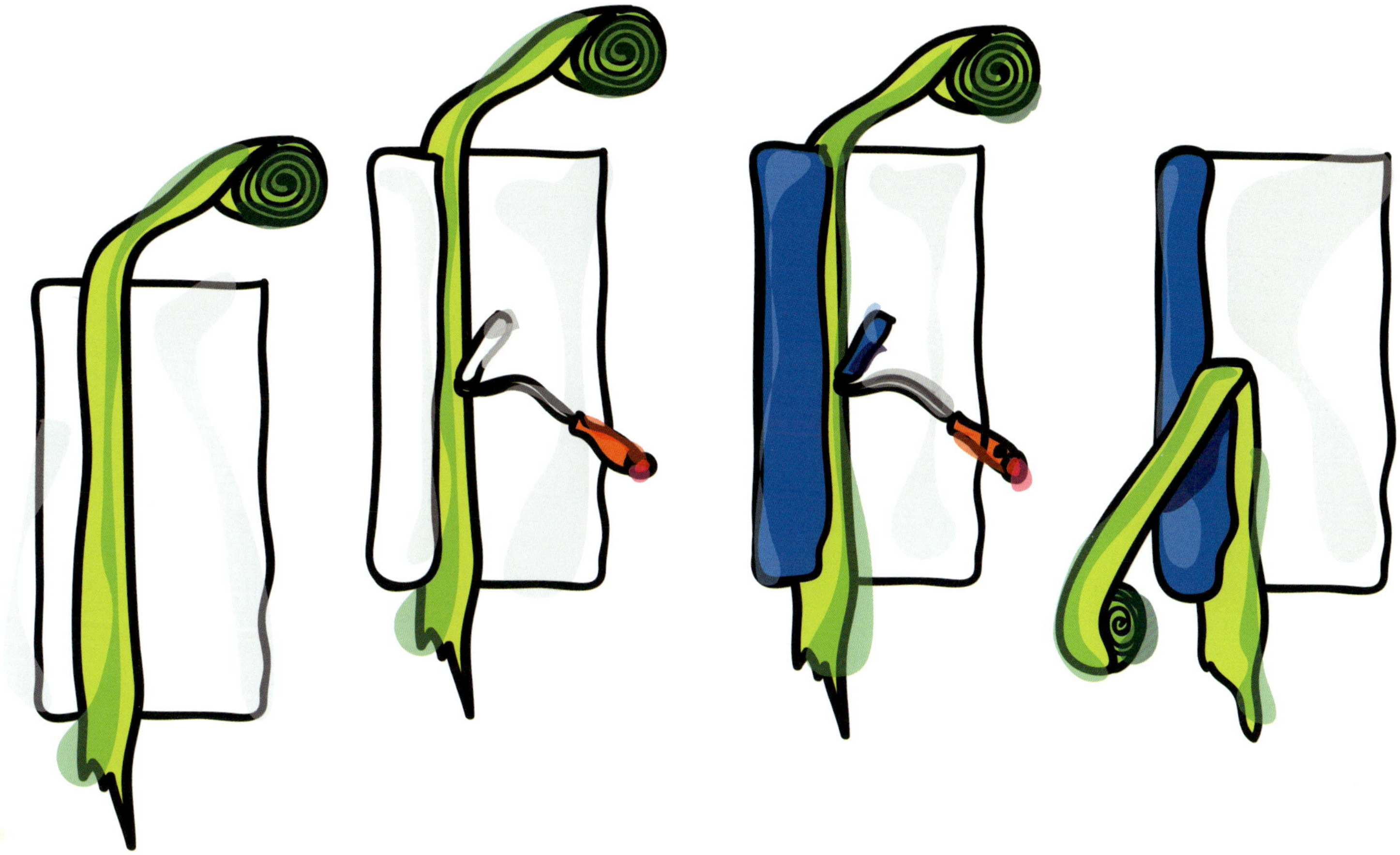

Klebe die Kanten sauber mit Kreppband ab. Streiche die Kante dann zunächst in dem Grundton der Wand (siehe die Zeichnung links oben). So füllst du die kleinen Zwischenräume mit Farbe, die zwischen Wand und Kreppband entstehen. Damit verhinderst du, dass die neue Farbe in diese Zwischenräume eindringen kann und die Farbkante unsauber bzw. „fransig“ wird.

Ist der Grundton der Wand – hier also die weiße Farbe – getrocknet, wird die Wand mit der eigentlichen Farbe gestrichen. Die blaue Farbe wird nun nicht mehr unter das Kreppband laufen.

Energie sparen.

Heizkosten sparen.

- Richtig lüften.
- Ritzen in Fenstern und Türen abdichten.
- Raumtemperatur absenken, 1°C weniger spart ca. 6% Heizkosten.
- Heizkörper entlüften.
- Heizkörper nicht zustellen.

Sparen im Haushalt.

- Halogenlampen einsetzen. Das spart bis zu 30%.
- Auf Geräte mit Zeitschaltuhr verzichten. Diese bleiben im Stand-by-Modus, auch wenn sie ausgeschaltet sind.
- Abschaltbare Steckdosenleisten verwenden, denn auch ausgeschaltete Geräte (wie etwa Netzteile) können Strom verbrauchen. Alternative: Stecker herausziehen.
- Computer ausschalten, wenn sie länger als eine halbe Stunde nicht benutzt werden.
- Kühlgeräte an kühlen Orten platzieren (im Keller oder Abstellraum). Eine 1°C kühlere Umgebungstemperatur spart ca. 6% der Stromkosten im Jahr. Alternativ nicht direkt neben der Heizung aufstellen.
- 1°C höhere Temperatur im Kühlschrank spart ungefähr 10%. Optimal ist eine Kühlschranktemperatur von 6-8°C und eine Gefriertemperatur von -18°C.
- Kühlschränke verbrauchen weniger Energie, wenn gefrorene Speisen darin aufgetaut werden.
- Beim Kochen jeden Topf mit einem Deckel verschließen, ansonsten ist der Stromverbrauch viermal so hoch.
- Die Nachwärme der Herdplatte nutzen.
- Den Backofen nur wenn nötig öffnen, denn dreimal öffnen kostet zehnmal mehr Energie.
- Wäsche bei möglichst geringer Temperatur waschen. Bei 60°C werden genauso viele Bakterien abgetötet wie bei 90°C, doch für 30% weniger Energie und Wasser.
- Alte Batterien von Gameboys und Taschenlampen können in Uhren und Weckern noch bis zu neun Monaten laufen.

Kostenvergleich der Energieeffizienzgruppen.

Verglichen wird ein frei stehender Kühlgefrierschrank mit einem Nutzinhalt von 268 Litern. Die angegebenen Kosten werden pro Jahr fällig.

(Quelle der Berechnungsgrundlage: http://www.clever.de/ratgeber/stromkosten-kuehlschrank_00145.php)

A++ = 36,20 €
A+ = 50,67 €
A = 66,36 €
B = 90.49 €
C = 108,59 €
D = 120,66 €
E = 132,72 €
F = 150,82 €
G = benötigt mehr als 125% Energie

Diese kleine Kostenübersicht zeigt, dass grün nicht gleich grün ist. Der Kostensprung von A++ zu C ist enorm, auch der Energieverbrauch liegt bei C schon lange nicht mehr im grünen Bereich. Auf dem neuen EU-Energielabel ist dies jedoch nur schwer zu erkennen. Man sollte sich daher nicht an der Farbskala A-G orientieren. Diese ist längst veraltet und entspricht nicht mehr der heutigen Technik.

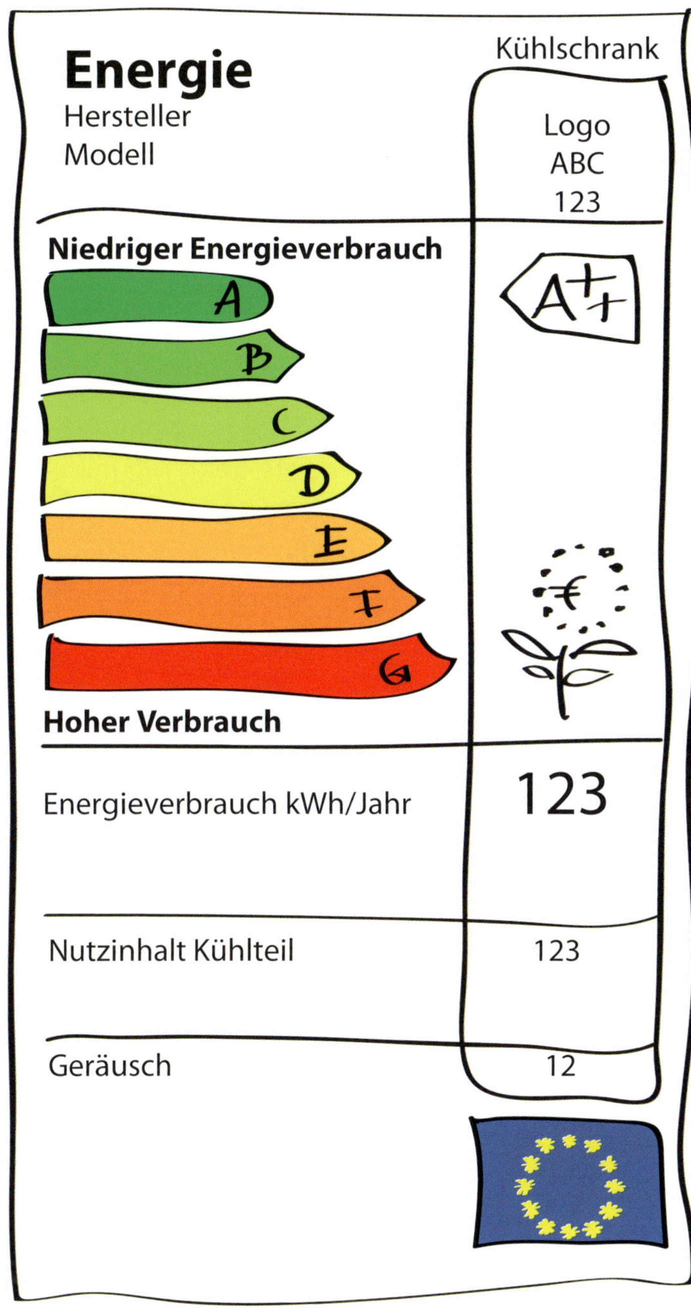

Symbollehre.

Tapete kann feucht abgewischt werden.

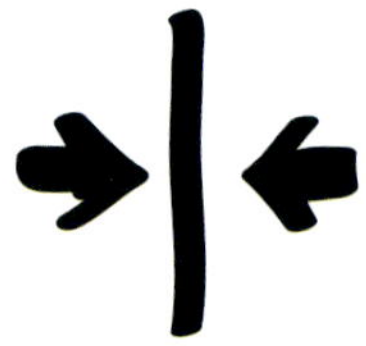
Tapete ist ansatzfrei zu verarbeiten, kein Rapport.

Tapete kann mit Spülmittel abgewischt werden.

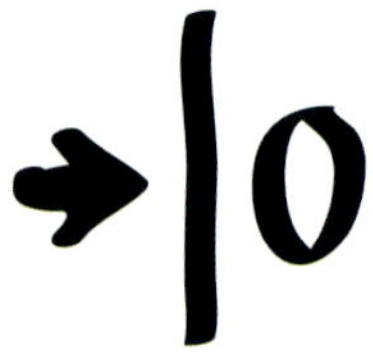
Das Muster läuft durch, der Ansatz ist gerade.

Tapete kann mit milder Lauge und weicher Bürste abgewischt werden.

Versetzter Rapport, Angaben in cm

Ausreichend farbbeständig gegen Licht

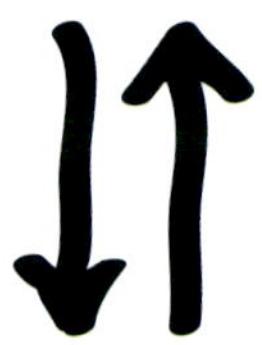
Jede zweite Bahn in umgekehrter Richtung kleben.

Befriedigend farbbeständig gegen Licht

Spaltbare Tapete, die Tapete kann leicht entfernt werden.

Tapete ist gut farbbeständig gegen Licht.

Duplierte Prägewandbekleidung im Unterbau

Symbole Wand.

Geeignet für geringe zeitweilige Nutzung

Geeignet für mittlere Nutzung

Geeignet für mittlere bis intensive Nutzung

Geeignet für intensive Nutzung

Geeignet für gelegentlichen Stuhlrolleneinsatz

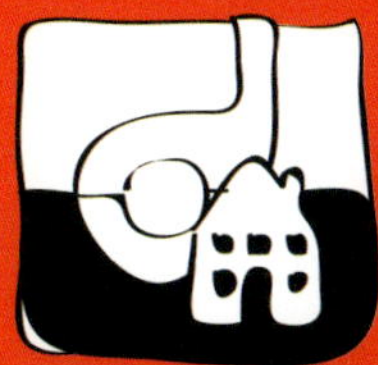

Geeignet für ständigen Stuhlrolleneinsatz

Treppen geeignet für gelegentliche Nutzung

Treppen geeignet für ständige Nutzung

Geeignet für Fußboden-heizung

Der Fußbodenbelag ist antistatisch.

Schallabsorbierend

Trittschallabsorbierend

Schnittkanten eines textilen Bodenbelags fransen nicht aus.

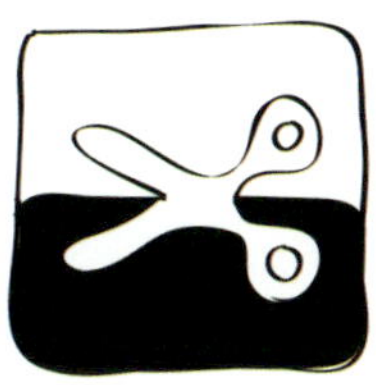

Dimensionsstabil

Symbole Boden.

Holzarten.

Esche

Lärche

Fichte

Eiche

Buche

Birke

Ahorn

Kirsche

Nuss

Blätter pressen.

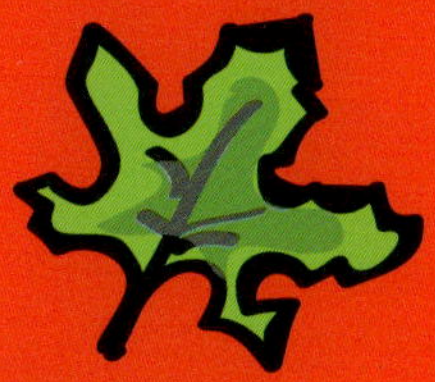

Auch in unseren heimischen Wäldern findest du viele unterschiedliche Baumarten. Auf einer kleinen Entdeckungsreise kannst du ihre Blätter einsammeln und den Holzarten auf der Seite gegenüber zuordnen. Damit die Blätter lange schön bleiben, kannst du sie pressen.

Zum Pressen benötigst du schwere Bücher, Löschblätter und natürlich viele schöne Blätter.

Leg immer ein Blatt zwischen zwei Löschblätter und platziere sie in der Mitte eines dicken Buchs. Am besten beschwerst du das Buch noch mit einem weiteren dicken „Wälzer“. Nach ca. zwei Wochen sind die Blätter getrocknet und du kannst sie aus dem Buch herausnehmen.

Grundriss.

Als kleine Hilfe zum Anfertigen von Grundrissen findest du hier einen Vordruck im Maßstab 1:20. Also, Zollstock in die Hand, Bleistift angespitzt und ab ins Kinderzimmer! Übertrage die Maße deines Zimmers auf diesen Vordruck und bastele dir den optimalen Grundriss zusammen. Falls dir diese kleine Skizze zu abstrakt ist, kannst du die Grundfläche deiner Möbel auch aus Zeitungen in Echtgröße zusammenkleben und im Raum hin und her schieben.

Die folgenden Möbelvorlagen kannst du mit Transparentpapier auf den Grundriss übertragen oder ausschneiden und darauf legen.

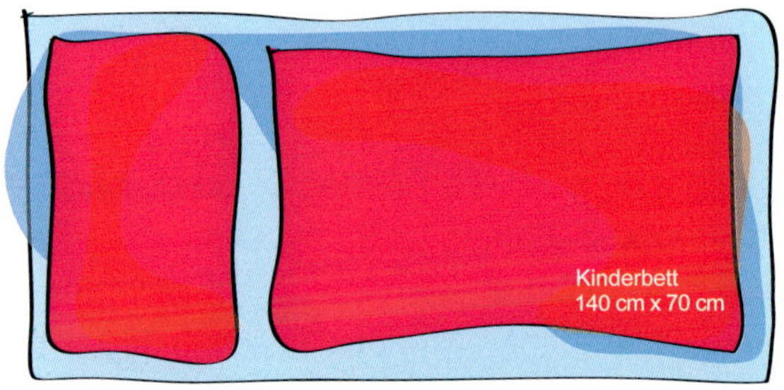

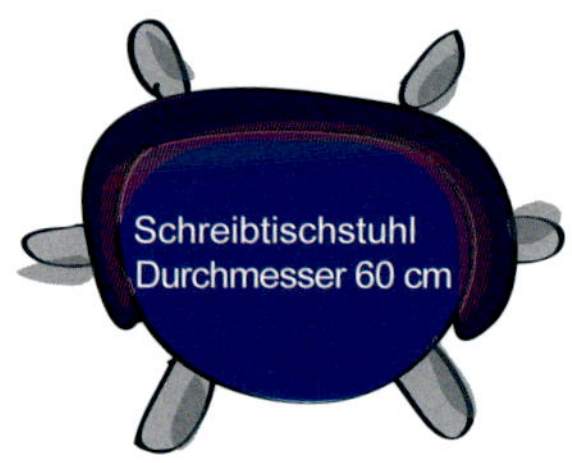

2 3 4 5

Skizzen.

Die Kinderzimmergestalter

Notizen.

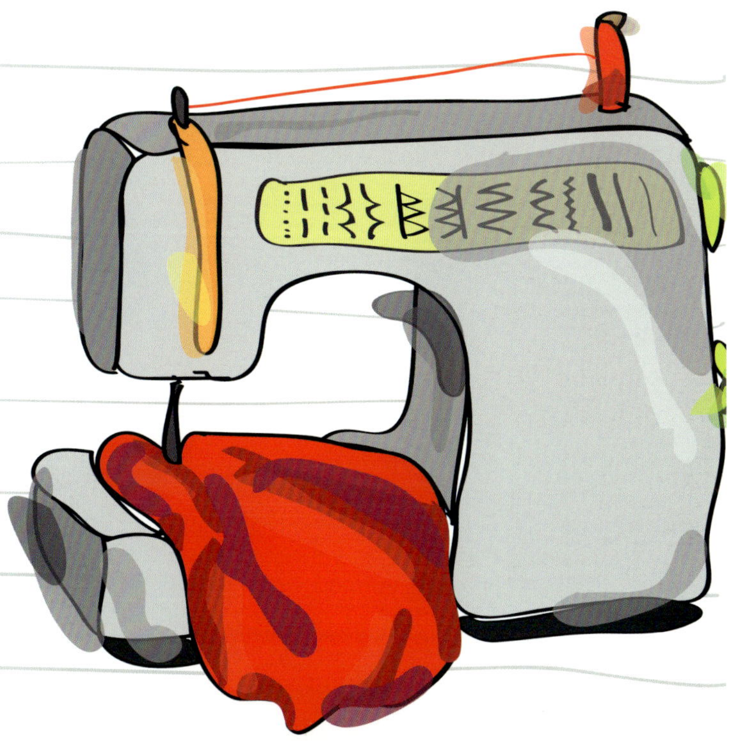

Baustellenfahrplan.

	Montag	Diens
Planen.		
Renovieren.		
Dekorieren.		

Mittwoch	Donnerstag	Freitag	Samstag	Sonntag

Zum Schluss.

Der Zauber eines Kinderzimmers hält ein Leben lang an – ein eigener Raum, in dem man sich dem Alltag entziehen und in seine eigene Welt eintauchen kann. Ein Raum, in dem man persönliche Schätze sammelt, seinen Hobbys nachgeht und in Erinnerungen schwelgt. Doch nicht nur Kinder haben ihre „Spielzimmer". Mit dem Älterwerden schaffen wir uns unser eigenes Reich, das im Gegensatz zu unserer Kindheit aber meist nur für uns allein ist. Im Laufe der Jahre ändert sich so eigentlich nur die Bezeichnung des Zimmers. Das Gefühl von Sicherheit und Geborgenheit bleibt uns erhalten. So werden aus Kinderzimmern Hobbyräume, Werkstätten oder Nähzimmer. Schaffen wir für unsere Kinder also auch ein Nest, einen festen Platz, den sie ihr Eigen nennen können und für den sie Verantwortung übernehmen. Geben wir ihnen die Sicherheit eines Zuhauses und des Ankommens. Ein Gefühl, das ein Leben lang bleibt.

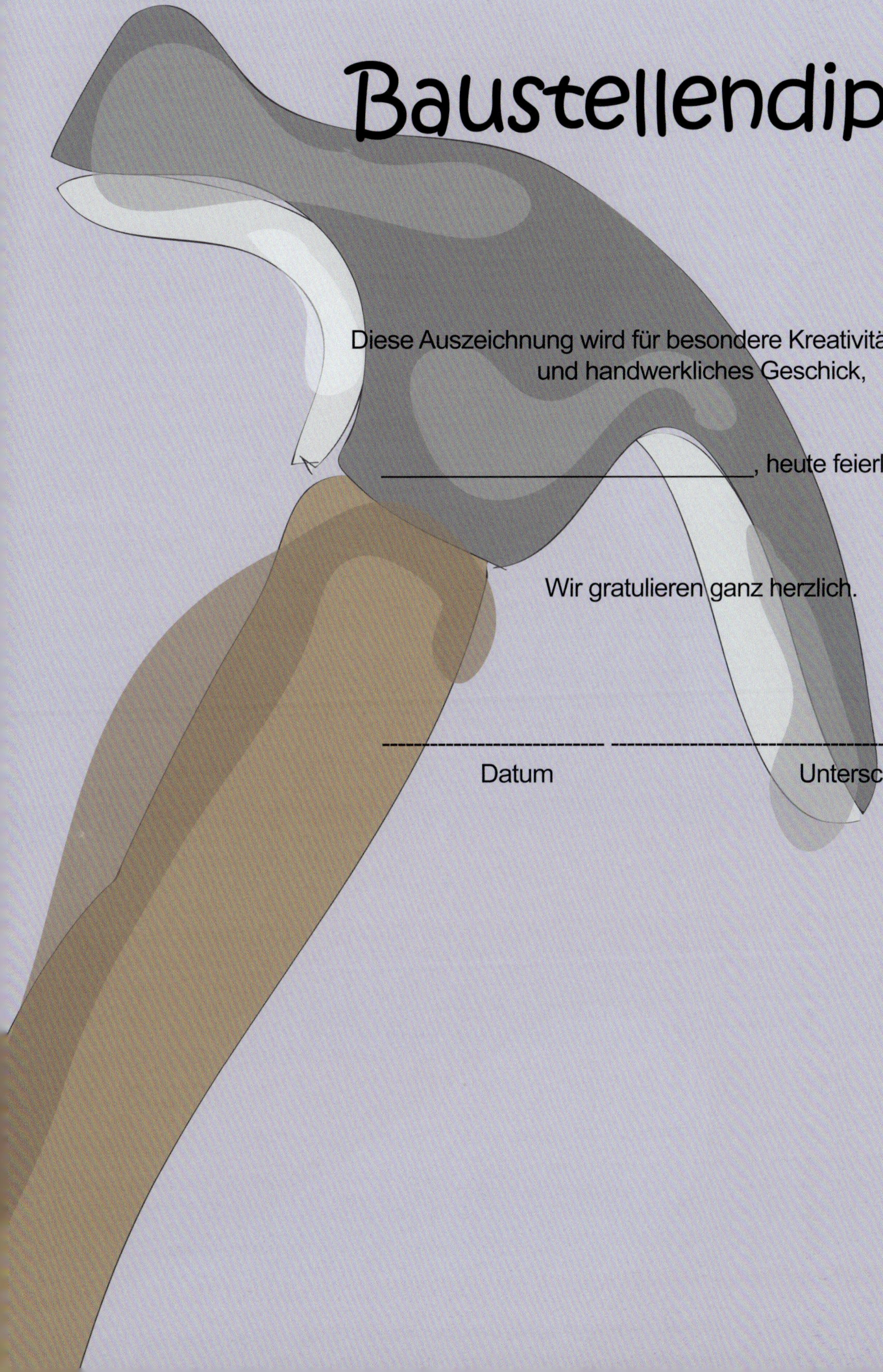

Baustellendiplom.

Diese Auszeichnung wird für besondere Kreativität, Muskelstärke und handwerkliches Geschick,

______________________________, heute feierlich verliehen.

Wir gratulieren ganz herzlich.

------------------------- --

Datum Unterschrift

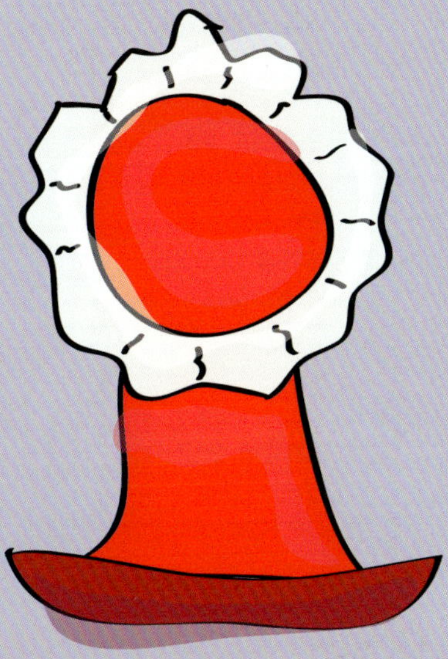

Register.

Die wichtigsten Stichpunkte des Buches von A-Z.

M

N

O

P

Q

R

S

T

U

V

W

Y

Z

Wichtige Telefonnummern.

	Deutschland	Schweiz
Notrufnummer bei Gefahr für Leben und Gesundheit :	112	112
Polizei :	110	117
Giftnotrufzentrale :		
Kinderarzt :		
Weitere wichtige Nummern :		

Danke.

Ein großer Dank gilt allen, die zu der Veröffentlichung meines Buchs mit ihrer Unterstützung beigetragen haben. Allen voran danke ich meinem Freund Martin, der über Monate in der Fotokulisse der Kinderzimmer leben musste. Im Weiteren gilt mein Dank Basti, der meine neuen Ideen in Nachtschichten in das Buch eingearbeitet hat und Nadine, die mir bei vielen Zeichnungen geholfen hat. Herzlichen Dank auch an Christina, Nadine, Eva und Heike und meinen Eltern, die mir mit Denkanstößen, mentaler Unterstützung und ein wenig Kritik zu einem runden Ergebnis verholfen haben. Schließlich danke ich auch Caro von den „Wohngeschwisterchen" der Sternschanze Hamburg sowie Nicki von „Rice" und Kristina von „Krima und Isa" für die vielen Produktausleihen.